Criação e diagramação: Jarbas C. Cerino
Revisão: Beatriz Hüne

1ª Edição

Cotia 2017

PÉ DA LETRA EDITORA E DISTRIBUIDORA

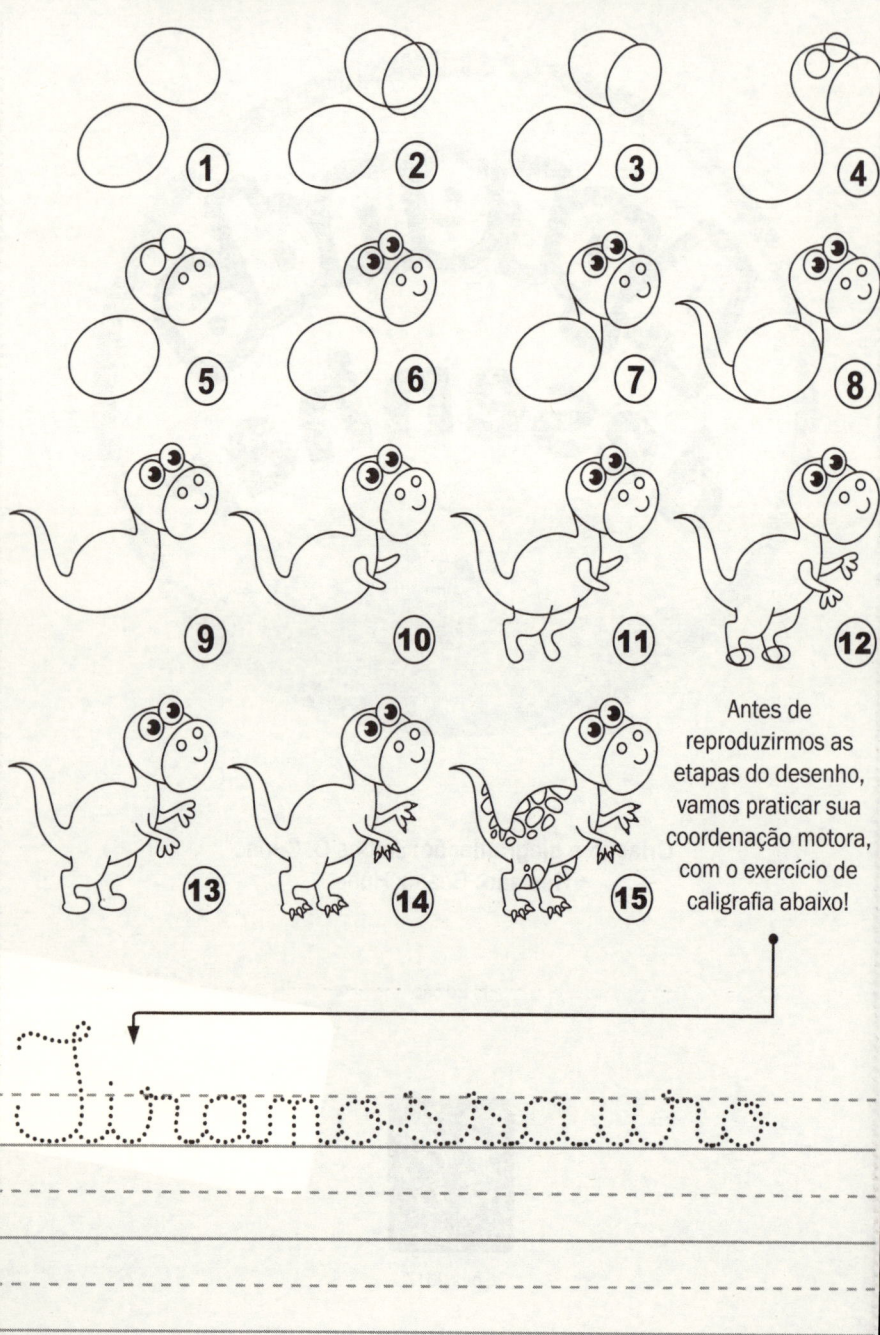

Agora é sua vez, repita os passos e faça seu desenho!

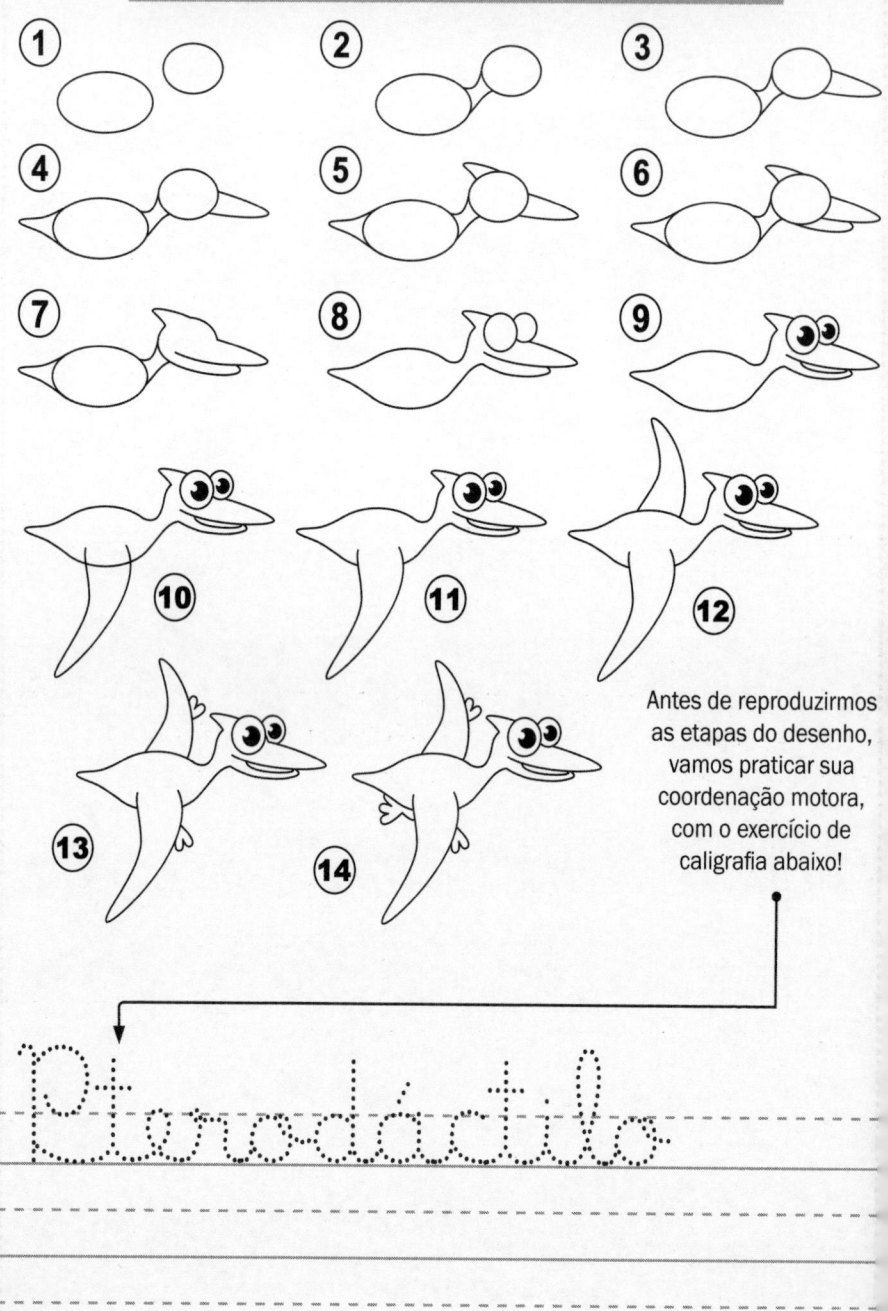

Agora é sua vez, repita os passos e faça seu desenho!

Preste muita atenção na sequência de ilustrações:

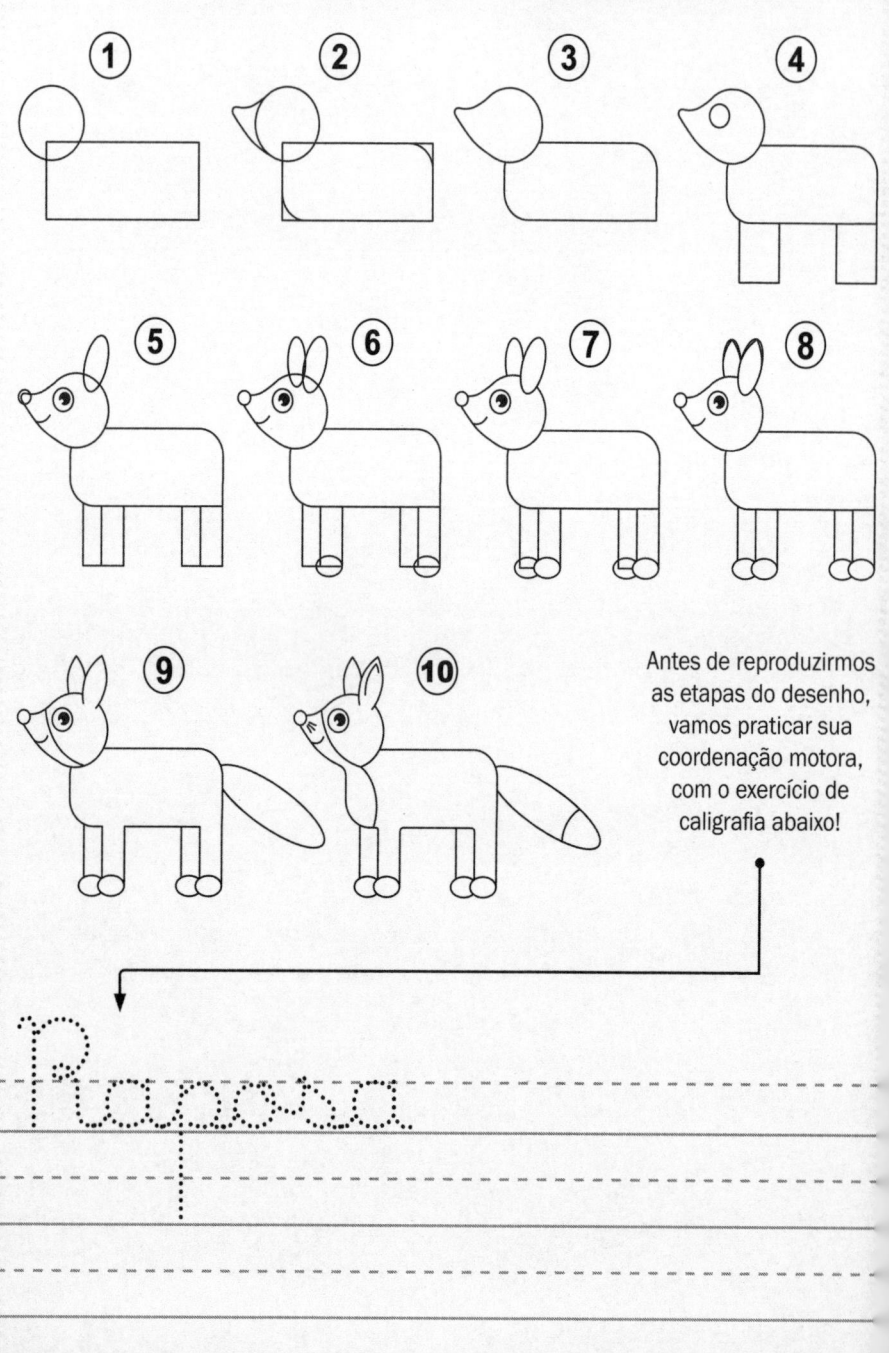

Antes de reproduzirmos as etapas do desenho, vamos praticar sua coordenação motora, com o exercício de caligrafia abaixo!

Raposa

Agora é sua vez, repita os passos e faça seu desenho!

Preste muita atenção na sequência de ilustrações:

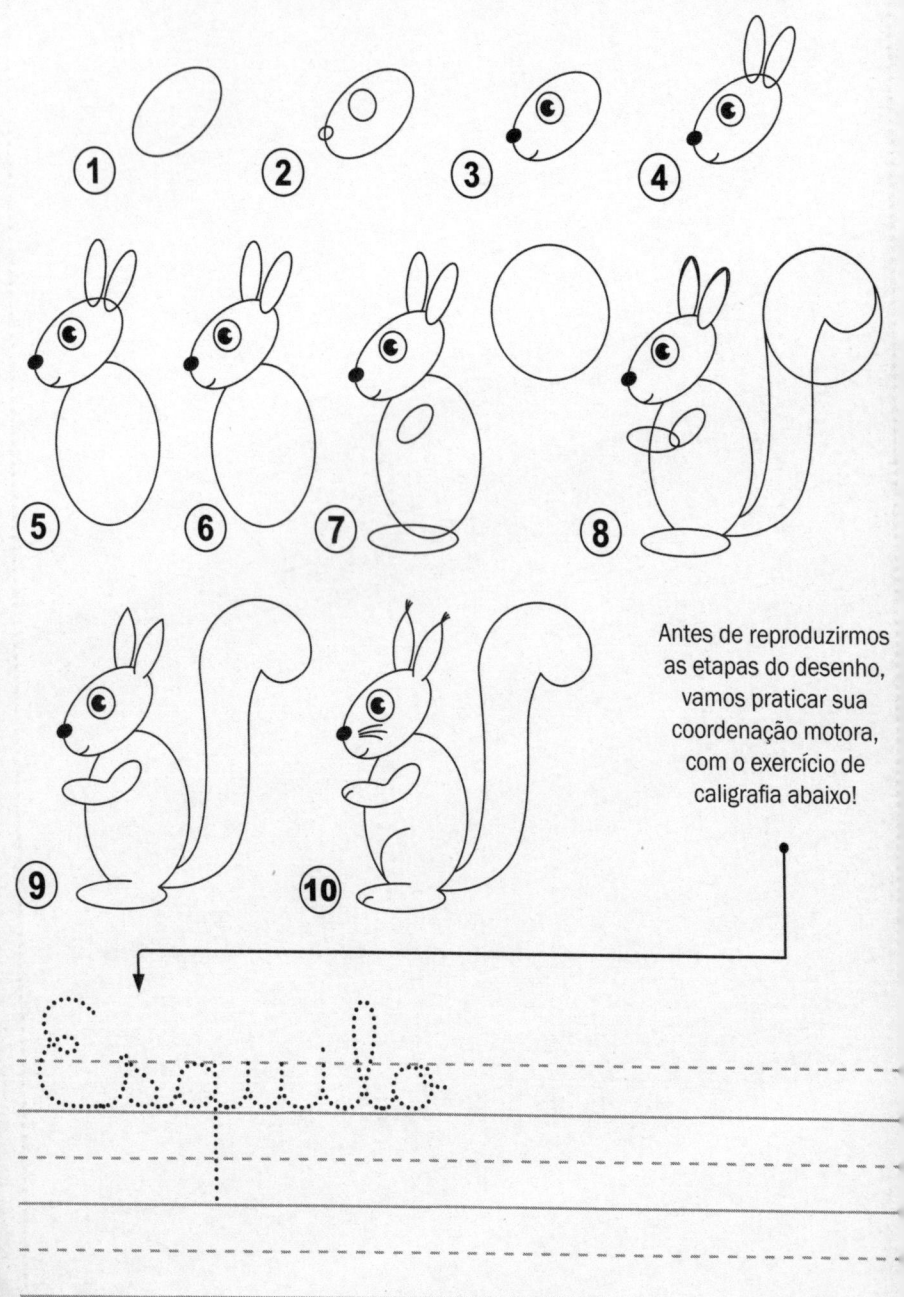

Antes de reproduzirmos as etapas do desenho, vamos praticar sua coordenação motora, com o exercício de caligrafia abaixo!

Esquilo

Agora é sua vez, repita os passos e faça seu desenho!

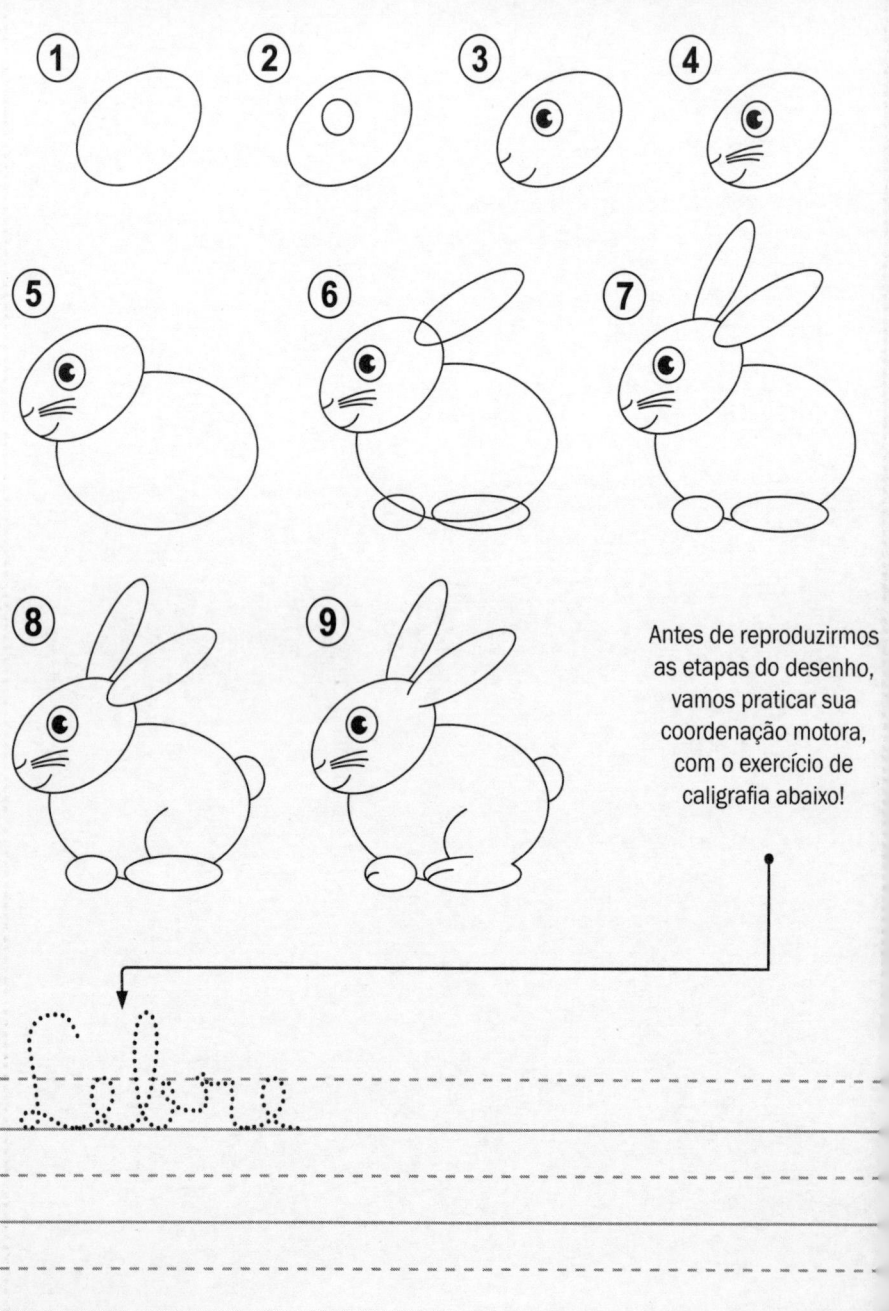

Agora é sua vez, repita os passos e faça seu desenho!

Agora é sua vez, repita os passos e faça seu desenho!

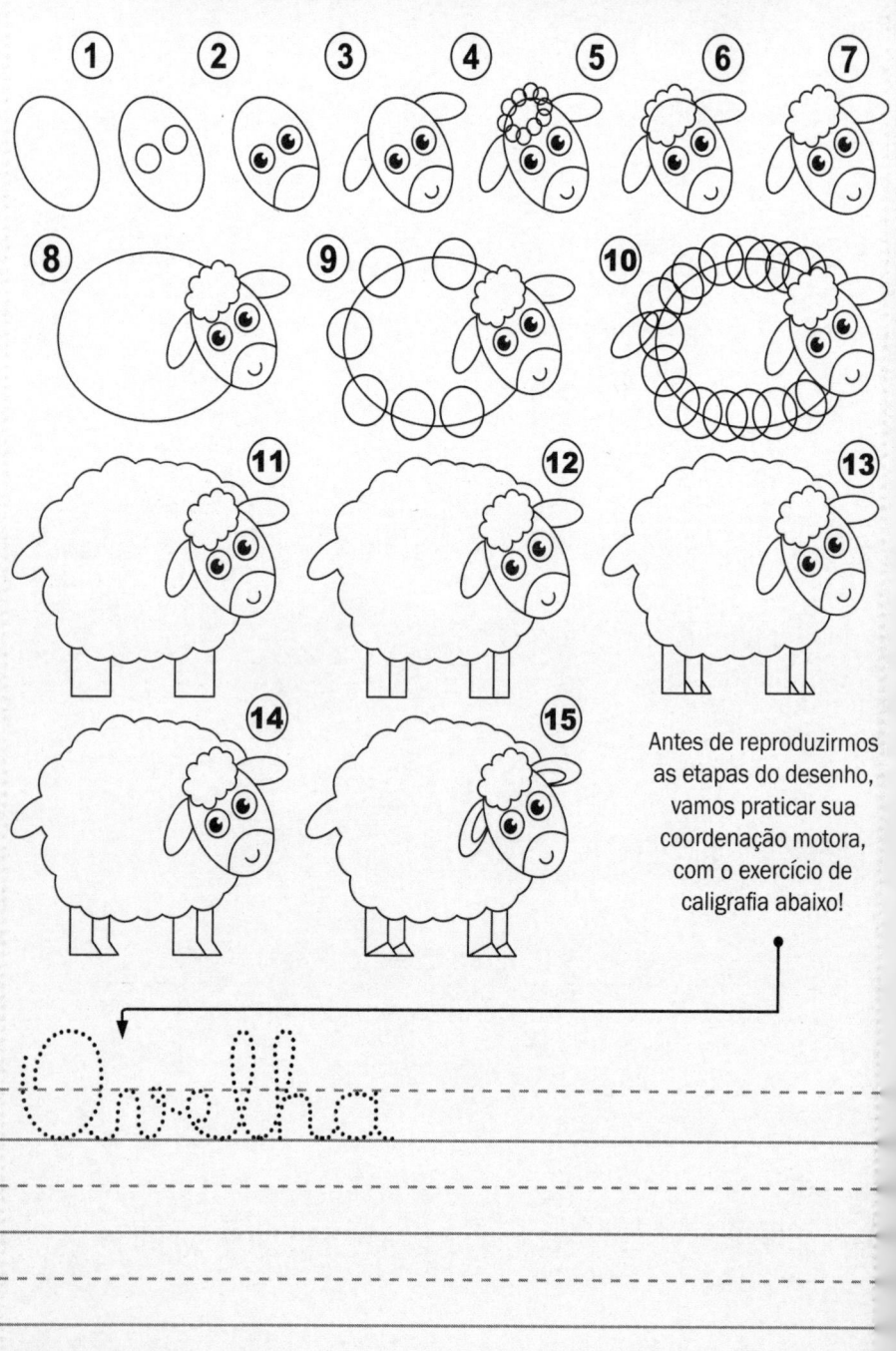

Agora é sua vez, repita os passos e faça seu desenho!

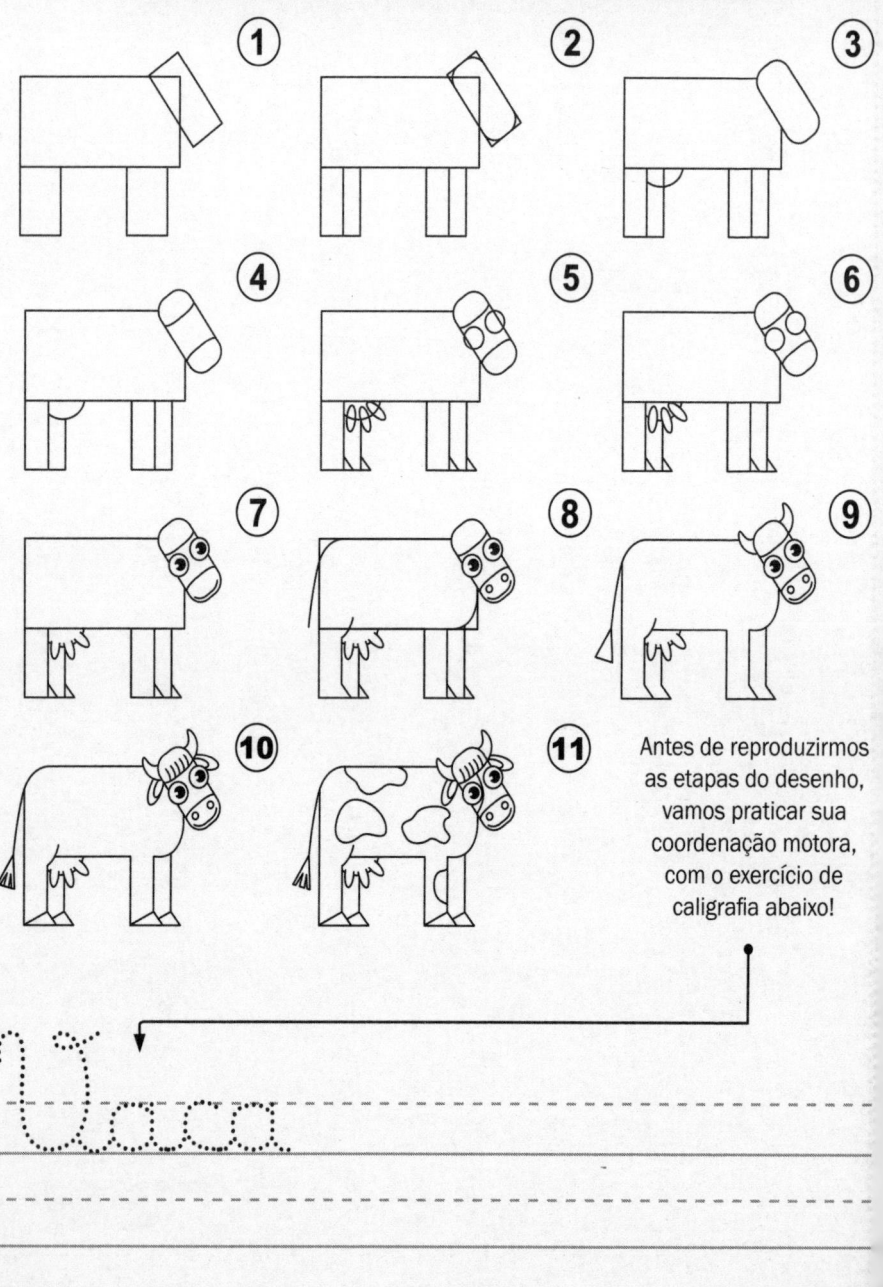

Agora é sua vez, repita os passos e faça seu desenho!

Preste muita atenção na sequência de ilustrações:

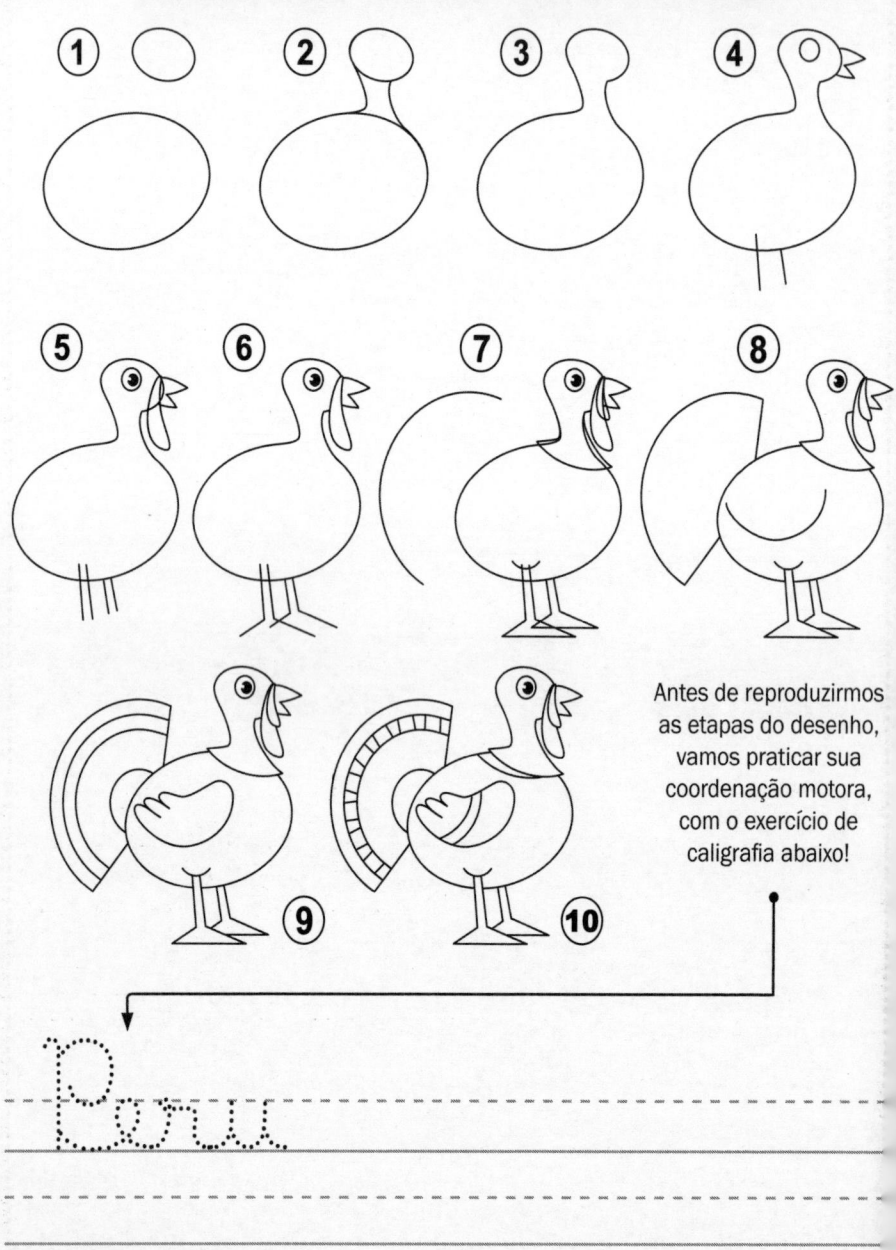

Antes de reproduzirmos as etapas do desenho, vamos praticar sua coordenação motora, com o exercício de caligrafia abaixo!

Peru

Agora é sua vez, repita os passos e faça seu desenho!

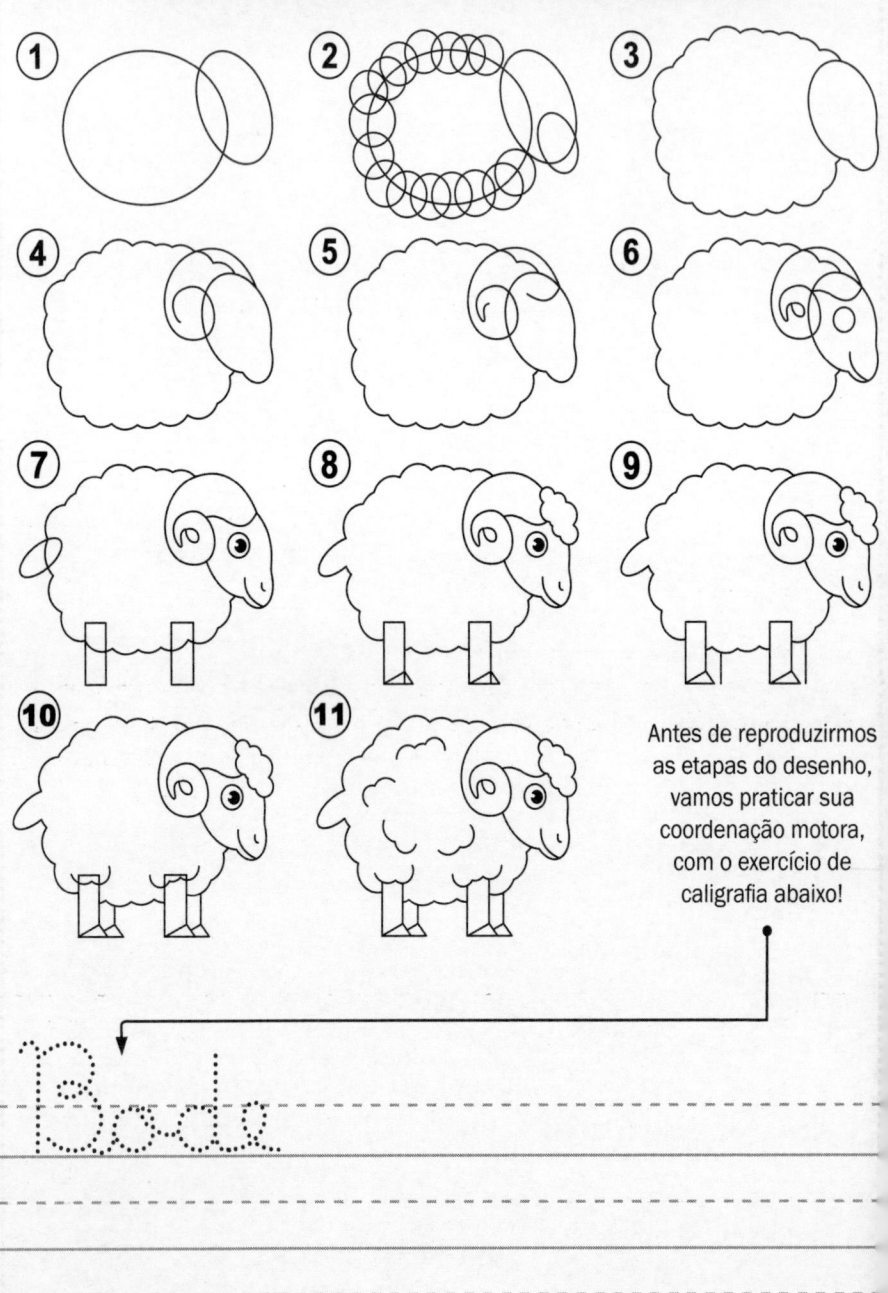

Agora é sua vez, repita os passos e faça seu desenho!

Preste muita atenção na sequência de ilustrações:

Antes de reproduzirmos as etapas do desenho, vamos praticar sua coordenação motora, com o exercício de caligrafia abaixo!

Menina

Agora é sua vez, repita os passos e faça seu desenho!

Preste muita atenção na sequência de ilustrações:

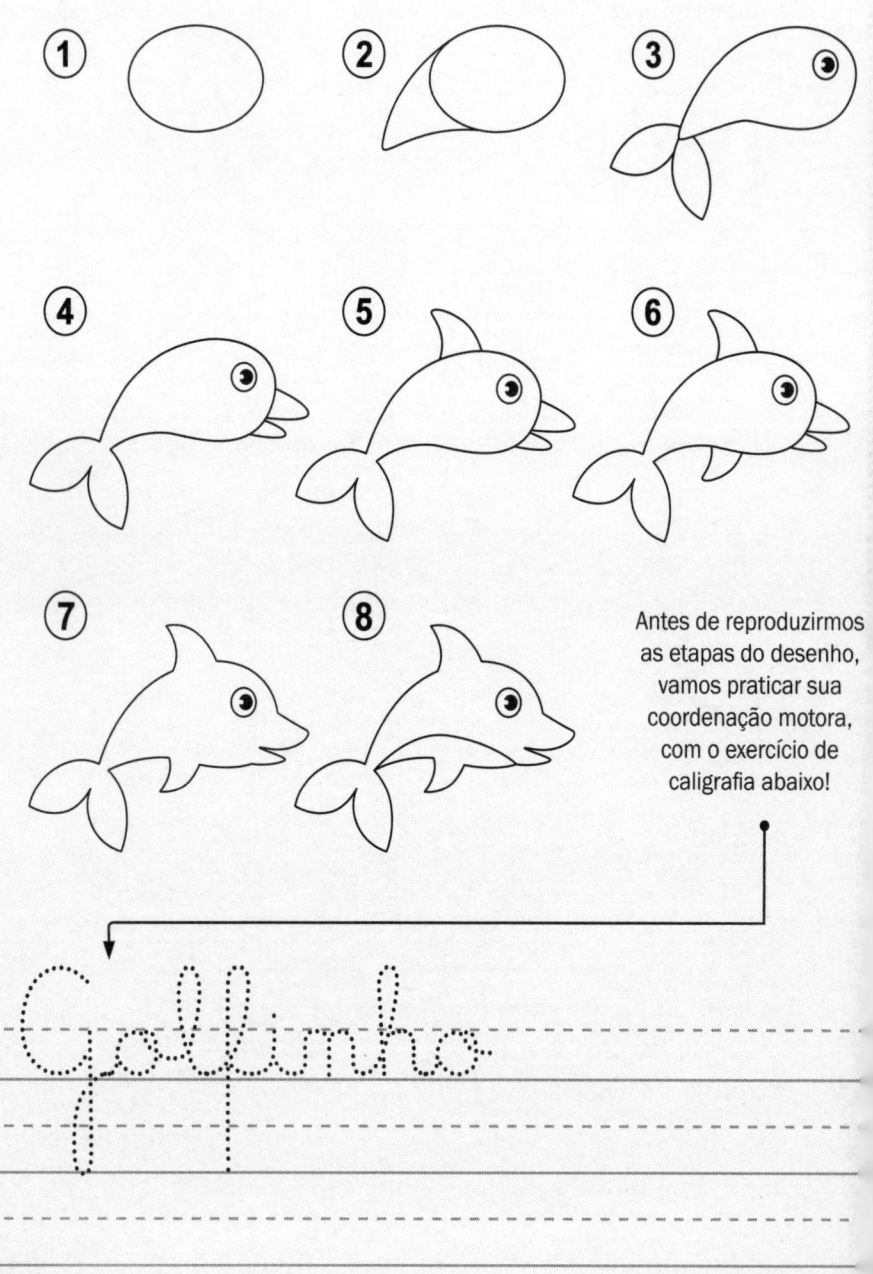

Antes de reproduzirmos as etapas do desenho, vamos praticar sua coordenação motora, com o exercício de caligrafia abaixo!

Golfinho

Agora é sua vez, repita os passos e faça seu desenho!

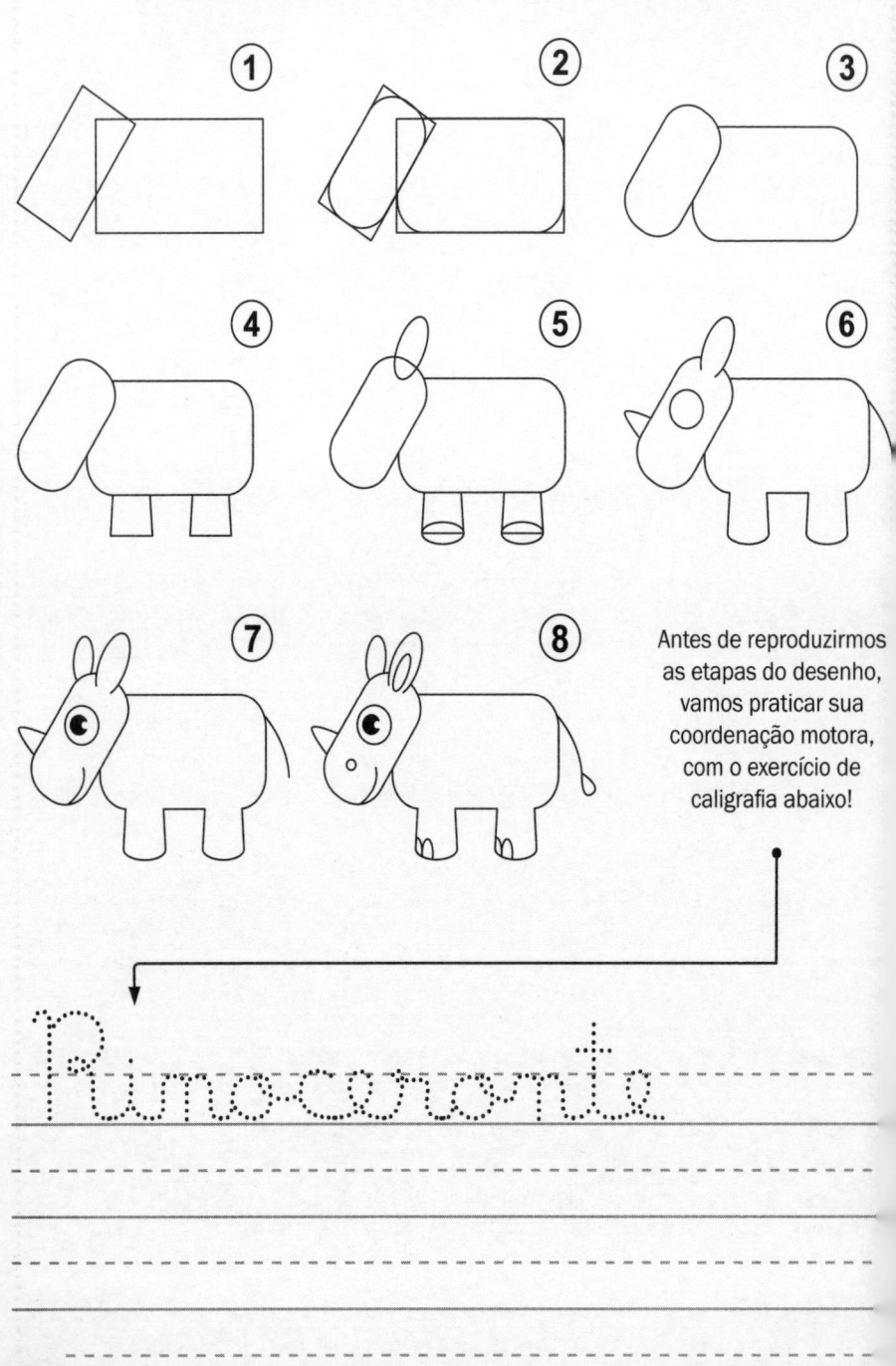

Agora é sua vez, repita os passos e faça seu desenho!

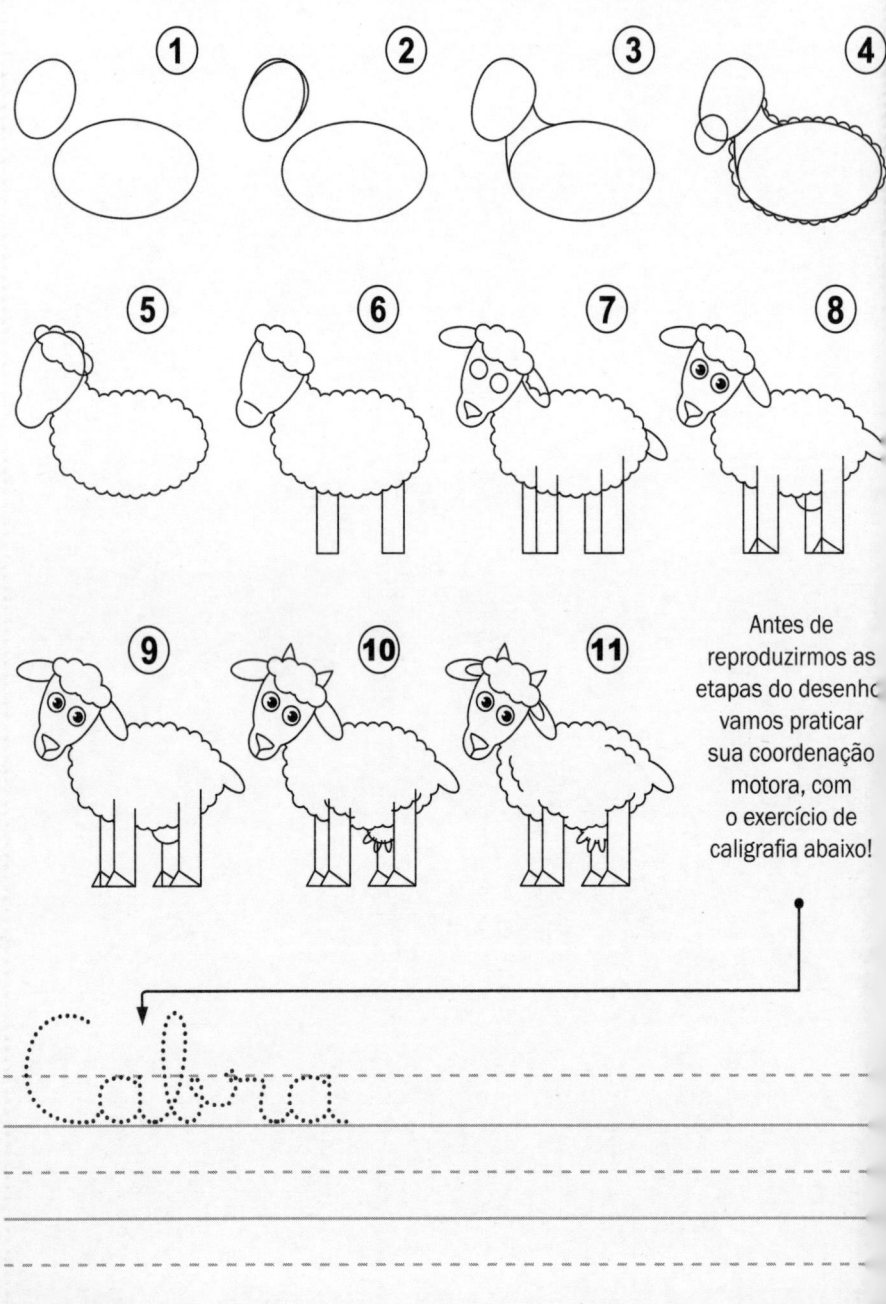

Agora é sua vez, repita os passos e faça seu desenho!

Preste muita atenção na sequência de ilustrações:

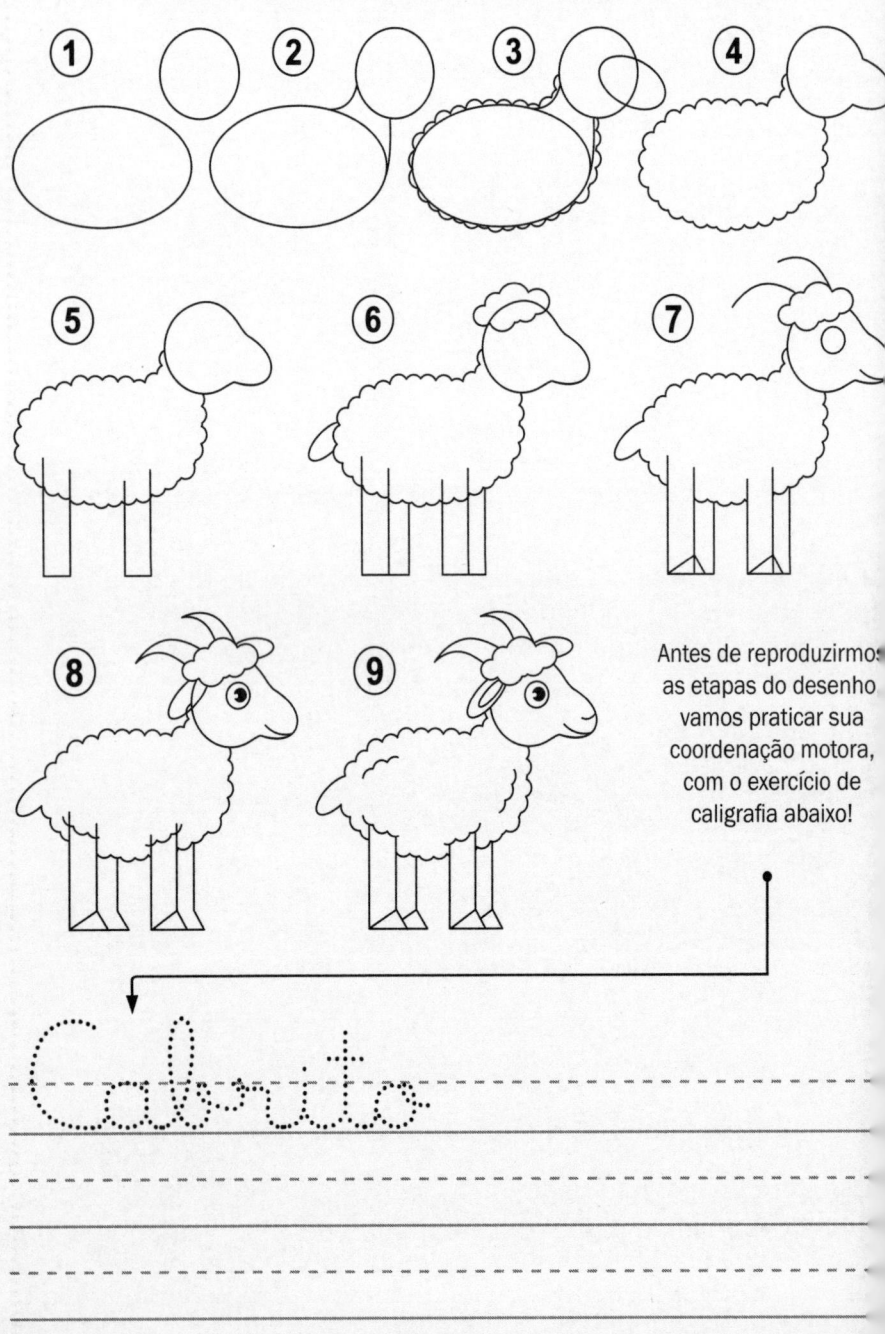

Antes de reproduzirmos as etapas do desenho vamos praticar sua coordenação motora, com o exercício de caligrafia abaixo!

Cabrito

Agora é sua vez, repita os passos e faça seu desenho!

Preste muita atenção na sequência de ilustrações:

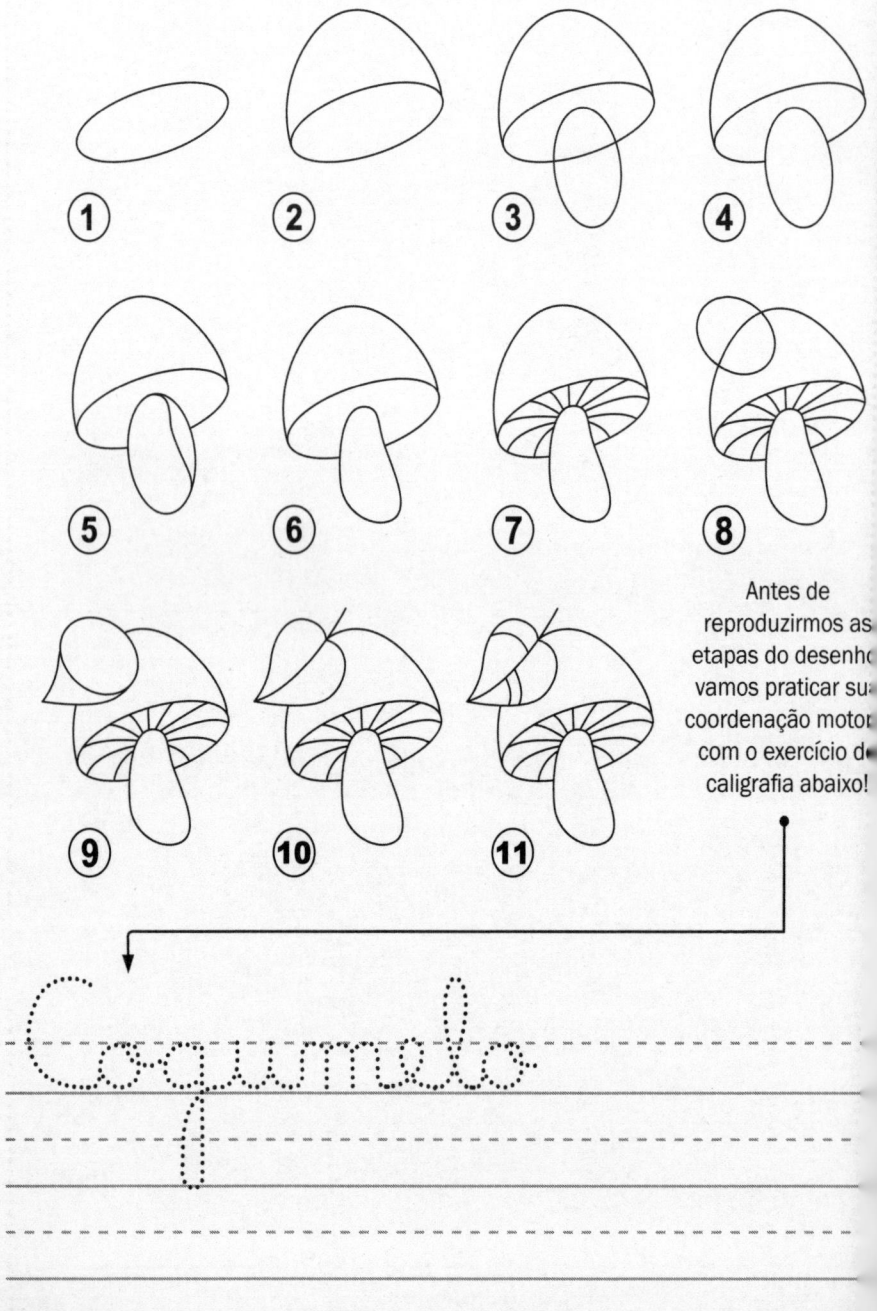

Antes de reproduzirmos as etapas do desenho, vamos praticar sua coordenação motora com o exercício de caligrafia abaixo!

Cogumelo

Agora é sua vez, repita os passos e faça seu desenho!

Preste muita atenção na sequência de ilustrações:

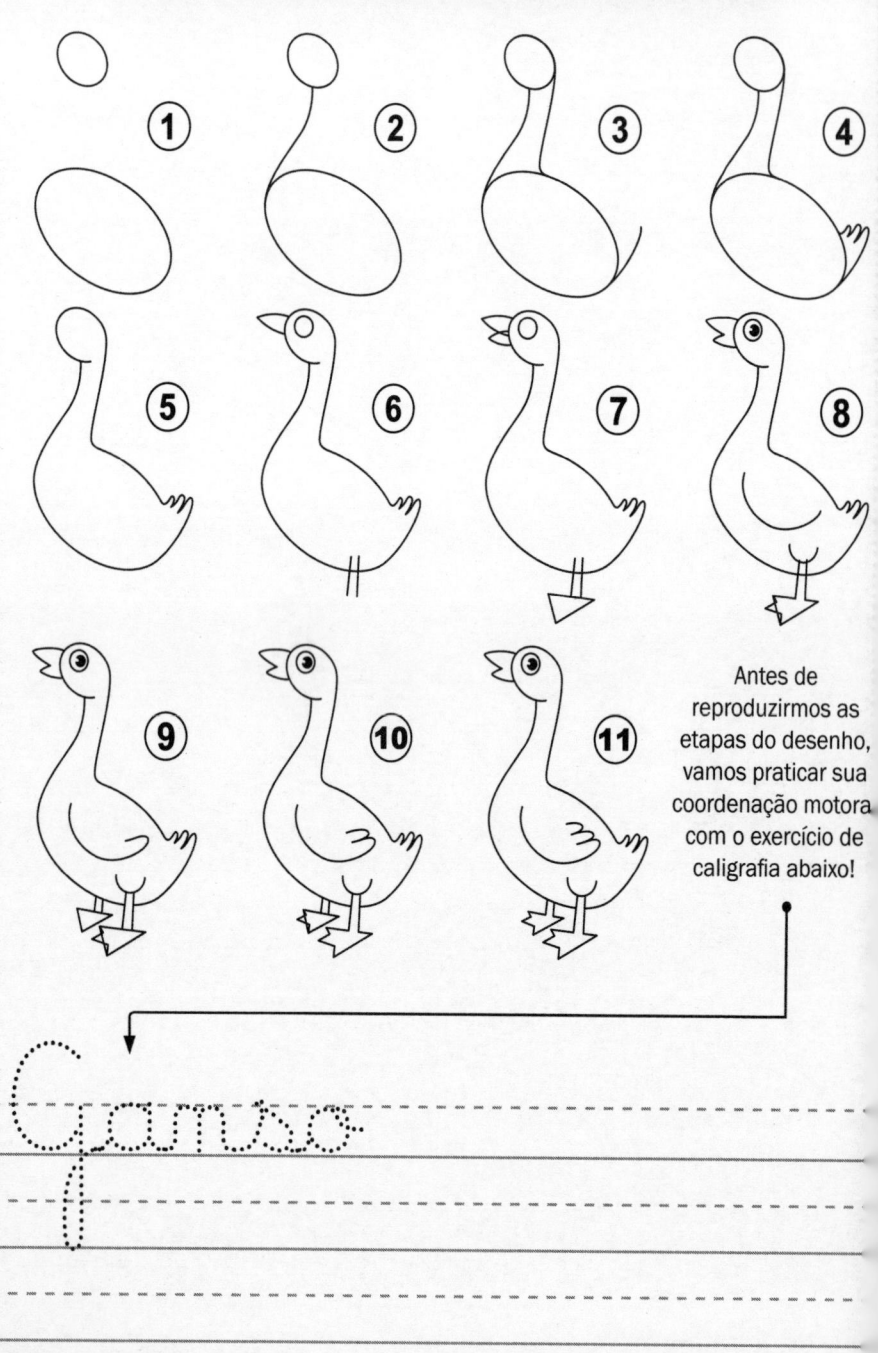

Antes de reproduzirmos as etapas do desenho, vamos praticar sua coordenação motora com o exercício de caligrafia abaixo!

Ganso

Agora é sua vez, repita os passos e faça seu desenho!

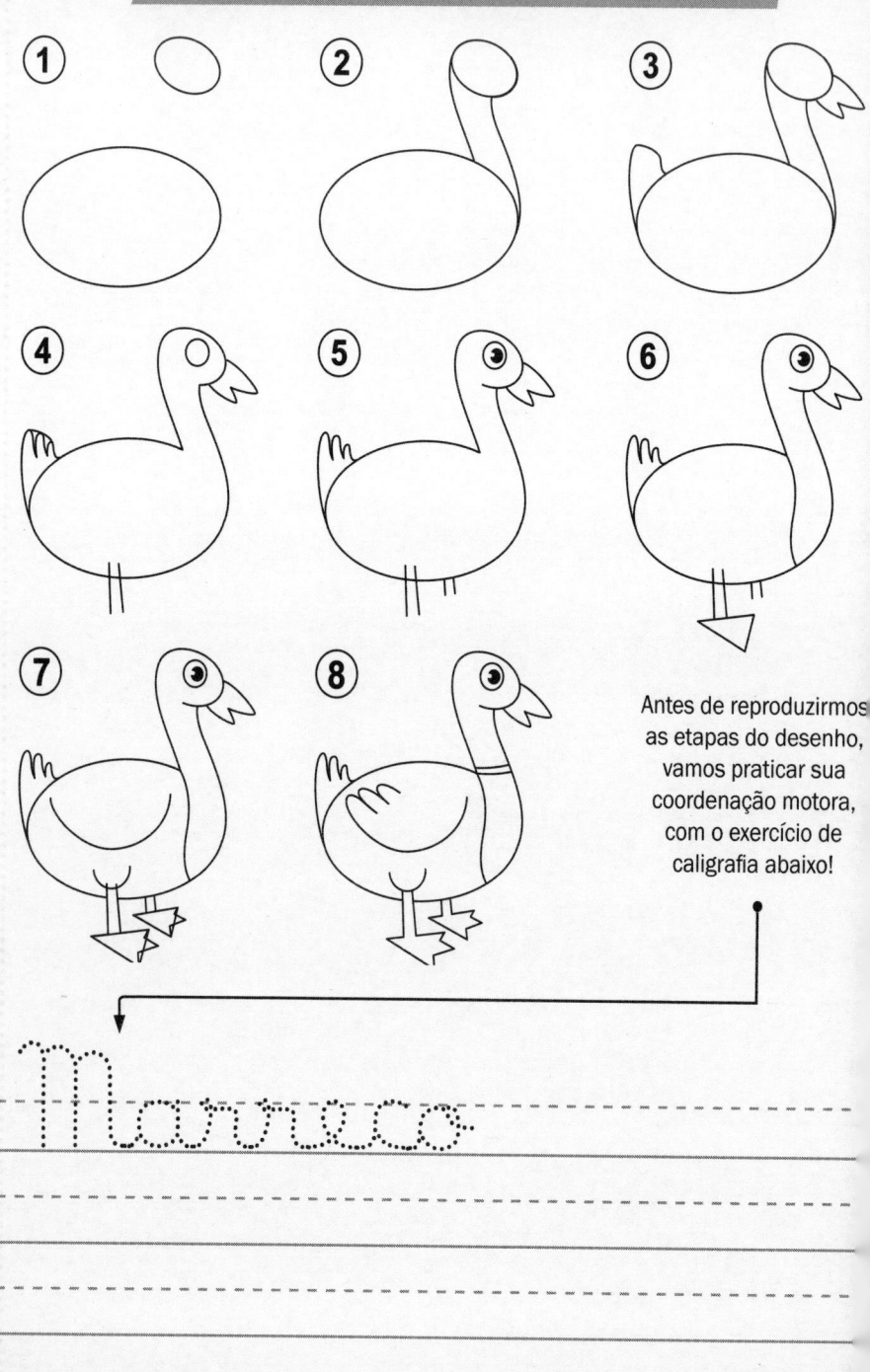

Agora é sua vez, repita os passos e faça seu desenho!

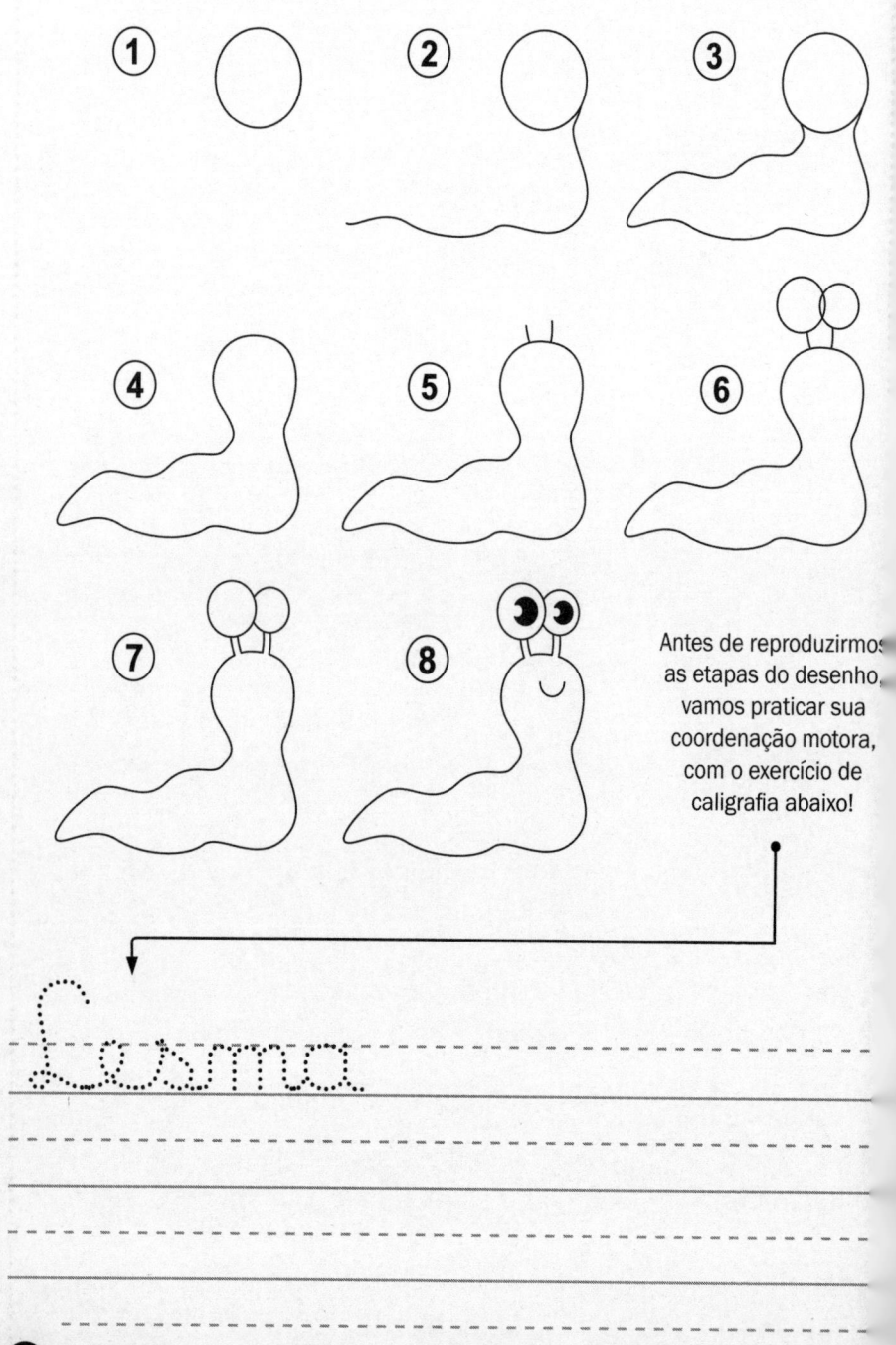

Preste muita atenção na sequência de ilustrações:

Antes de reproduzirmos as etapas do desenho, vamos praticar sua coordenação motora, com o exercício de caligrafia abaixo!

Lesma

Agora é sua vez, repita os passos e faça seu desenho!

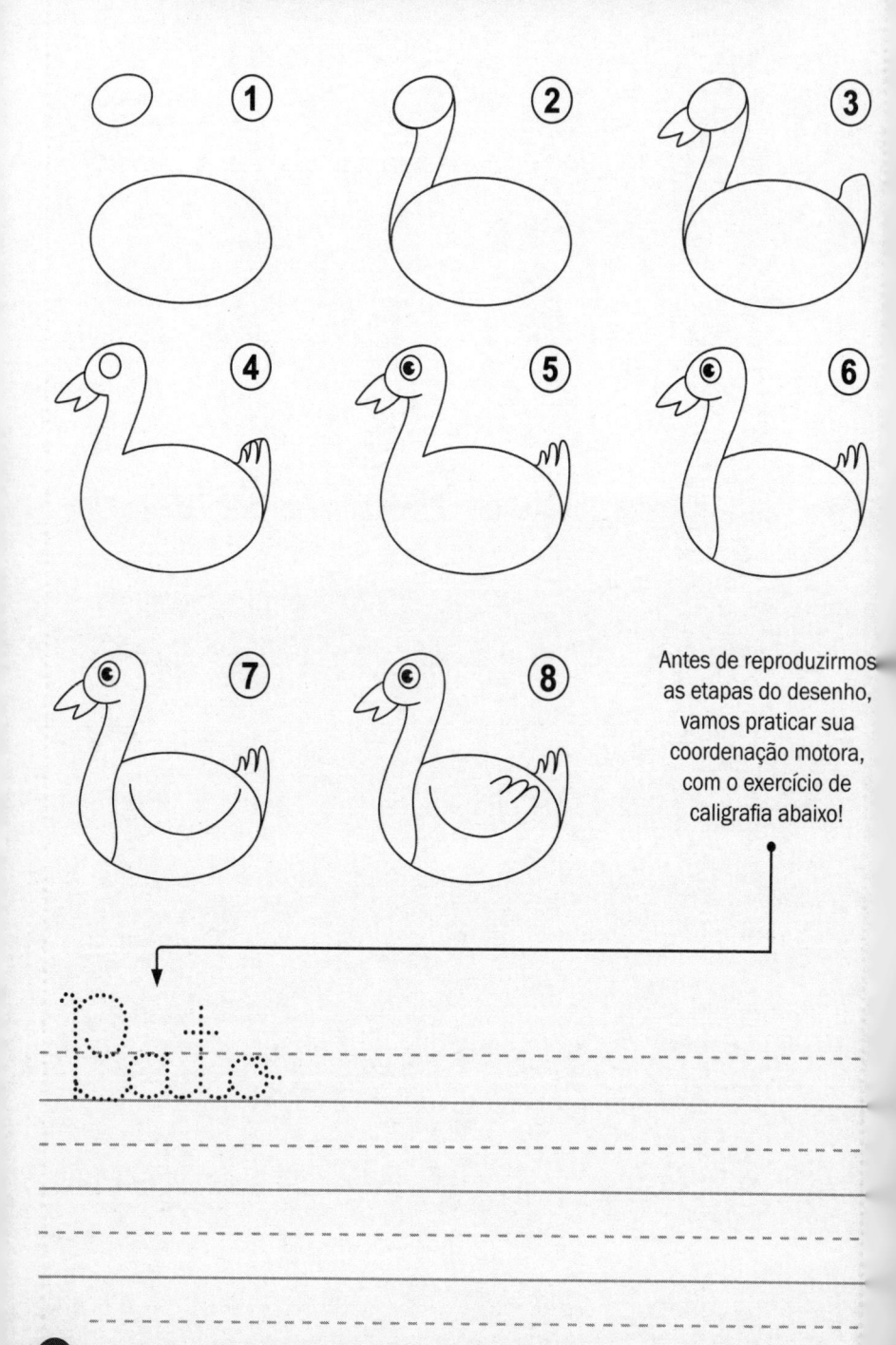

Preste muita atenção na sequência de ilustrações:

Antes de reproduzirmos as etapas do desenho, vamos praticar sua coordenação motora, com o exercício de caligrafia abaixo!

Pato

Agora é sua vez, repita os passos e faça seu desenho!

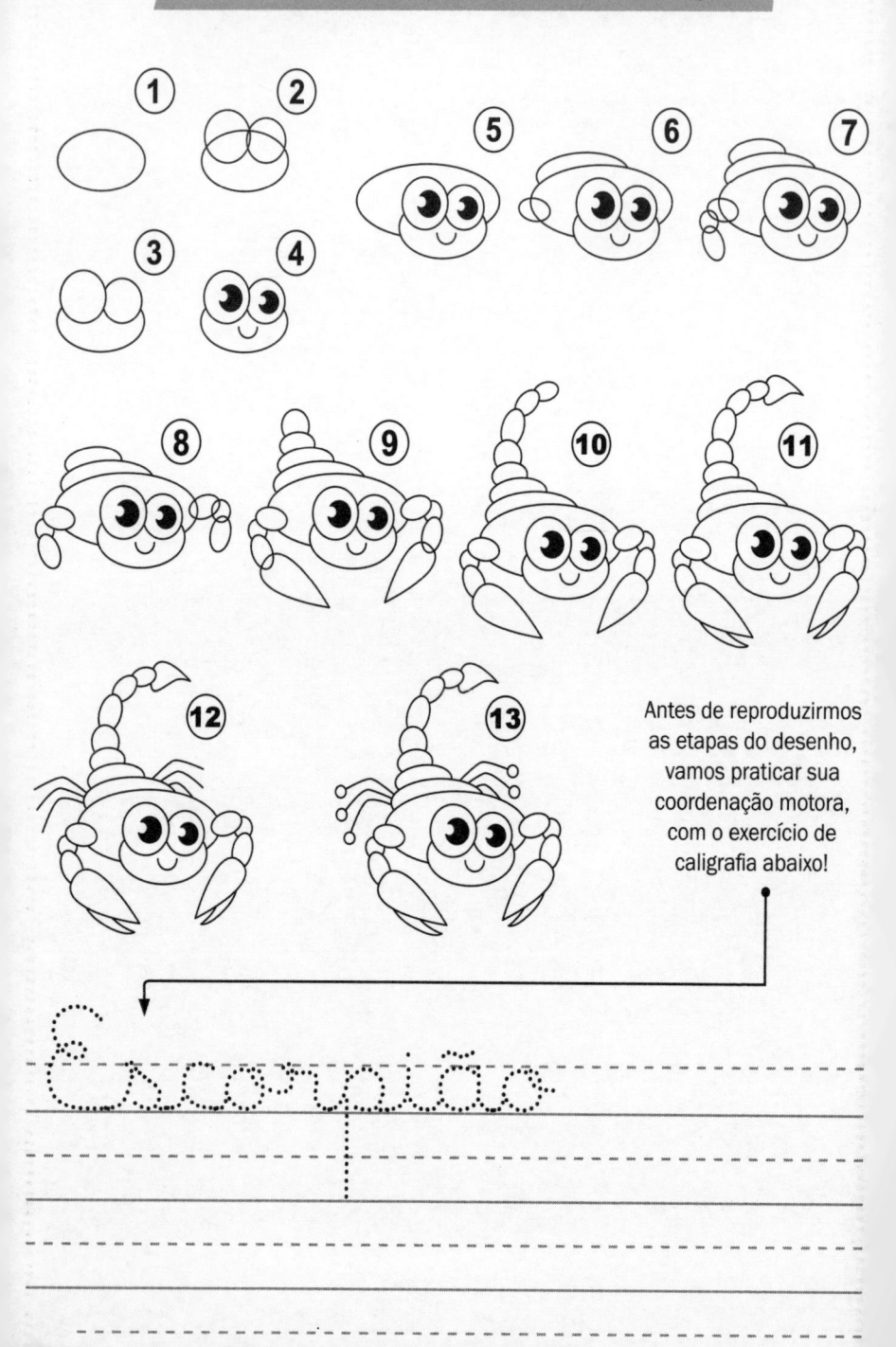

Preste muita atenção na sequência de ilustrações:

Antes de reproduzirmos as etapas do desenho, vamos praticar sua coordenação motora, com o exercício de caligrafia abaixo!

Escorpião

Agora é sua vez, repita os passos e faça seu desenho!

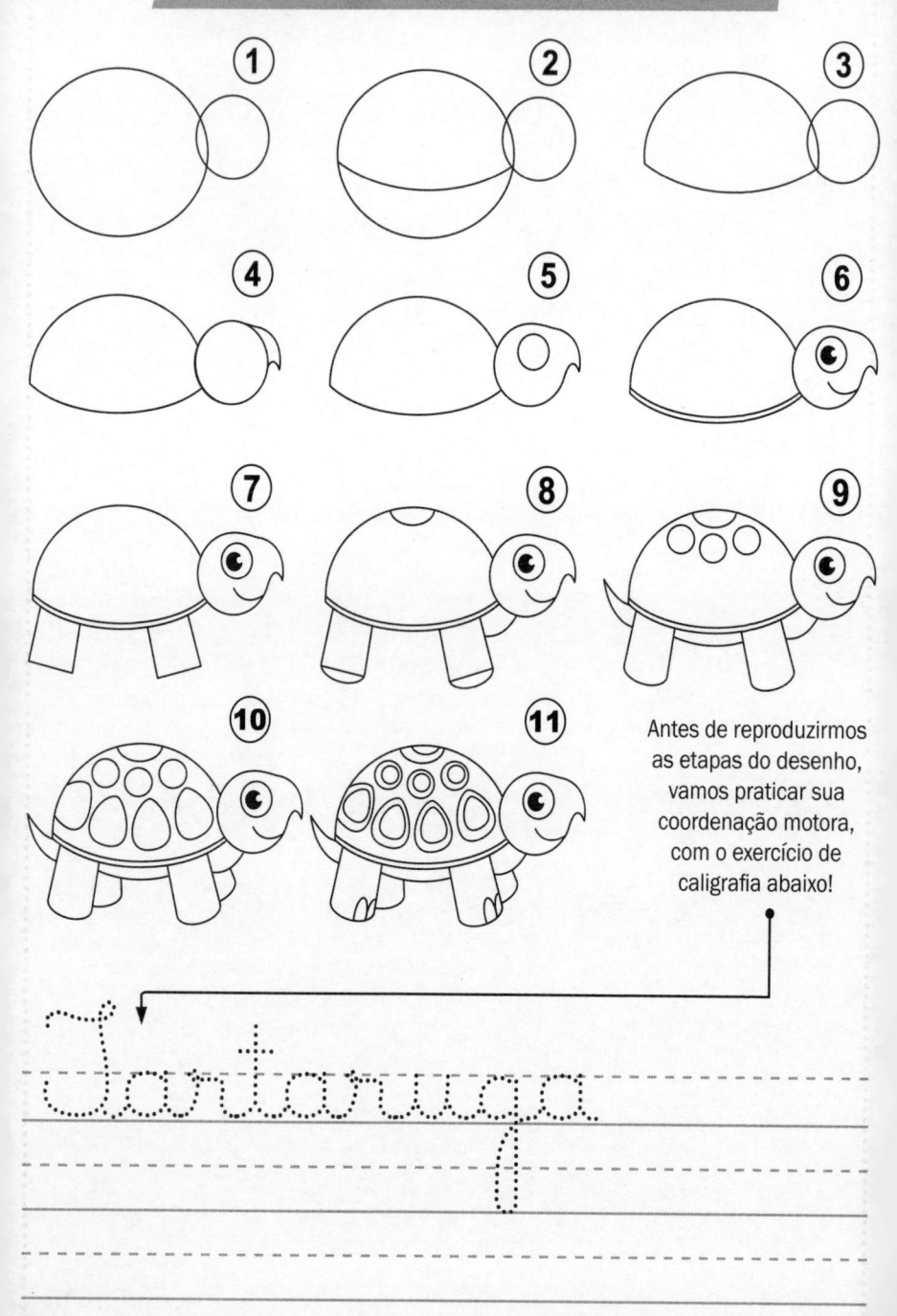

Preste muita atenção na sequência de ilustrações:

Antes de reproduzirmos as etapas do desenho, vamos praticar sua coordenação motora, com o exercício de caligrafia abaixo!

Tartaruga

Agora é sua vez, repita os passos e faça seu desenho!

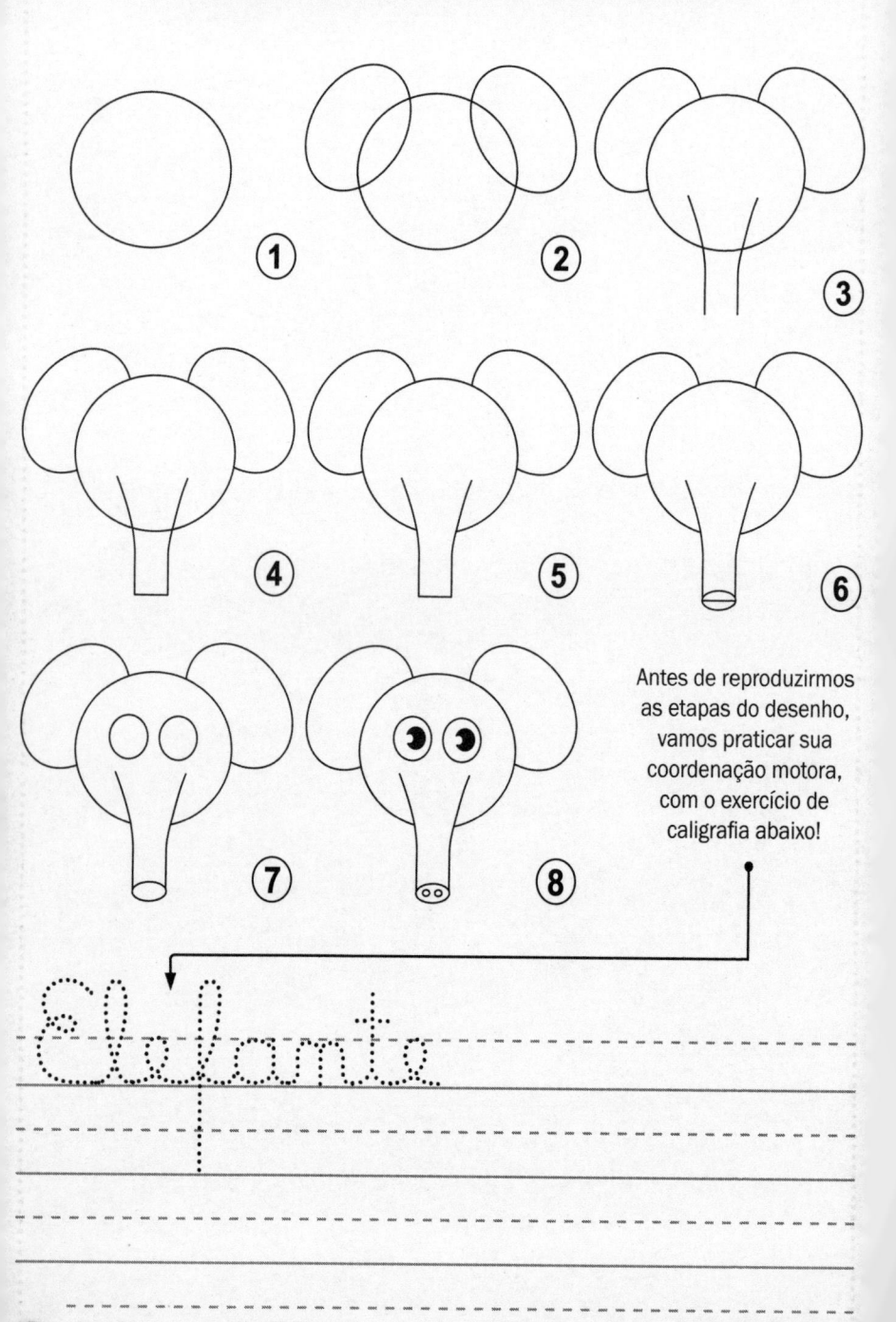

Preste muita atenção na sequência de ilustrações:

① ② ③ ④ ⑤ ⑥ ⑦ ⑧

Antes de reproduzirmos as etapas do desenho, vamos praticar sua coordenação motora, com o exercício de caligrafia abaixo!

Elefante

Agora é sua vez, repita os passos e faça seu desenho!

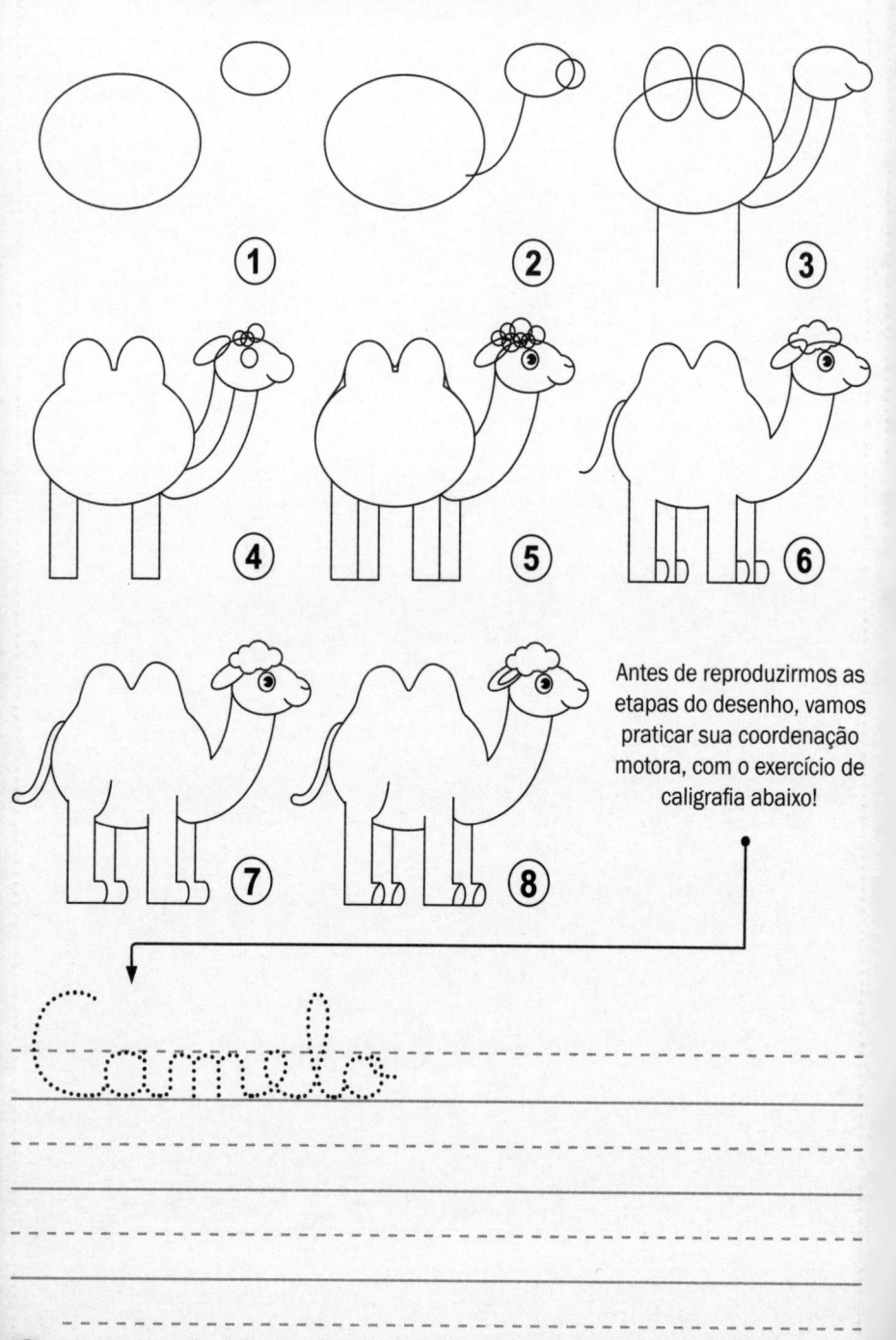

Preste muita atenção na sequência de ilustrações:

Antes de reproduzirmos as etapas do desenho, vamos praticar sua coordenação motora, com o exercício de caligrafia abaixo!

Camelo

Agora é sua vez, repita os passos e faça seu desenho!

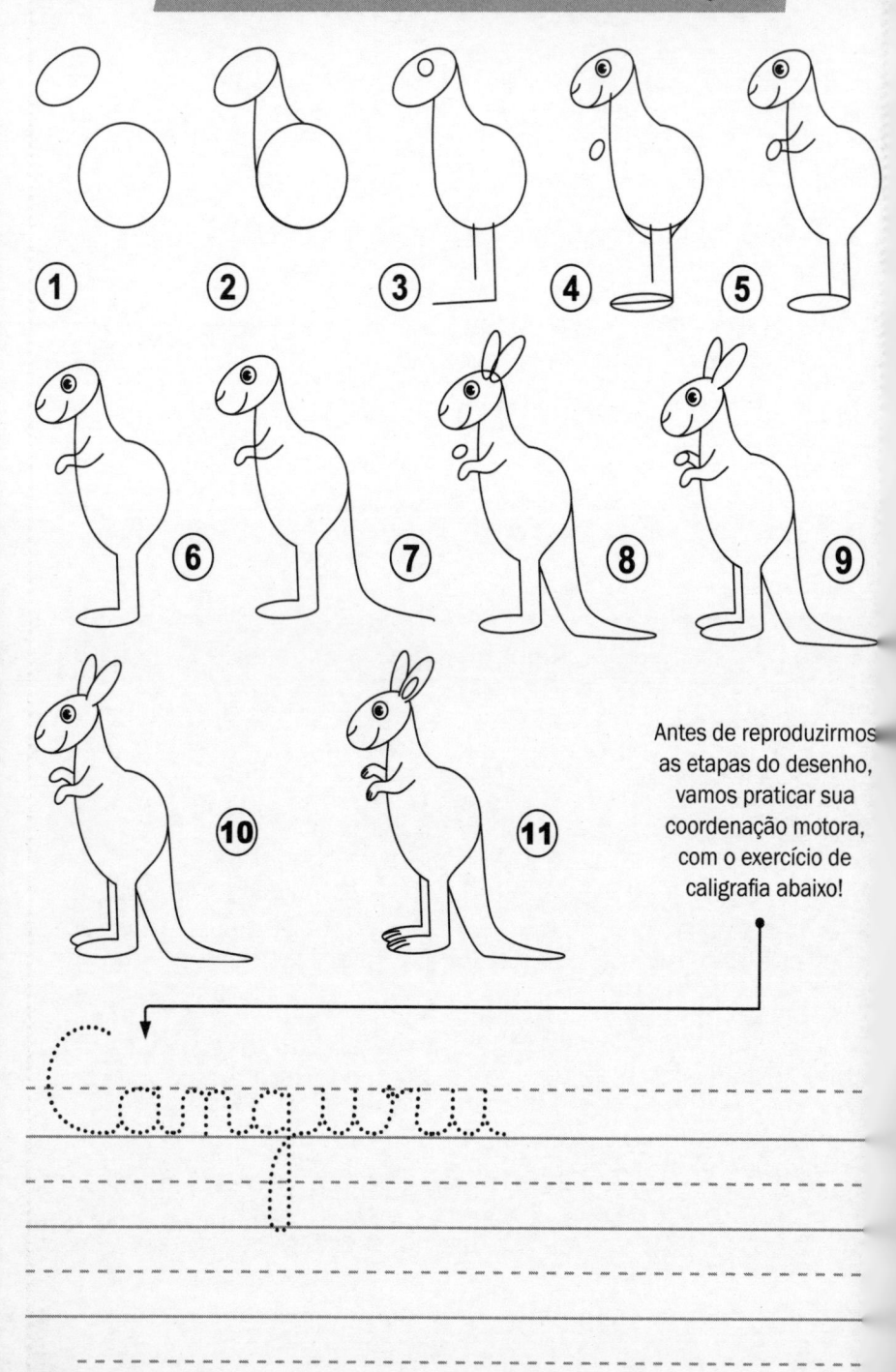

Preste muita atenção na sequência de ilustrações:

① ② ③ ④ ⑤ ⑥ ⑦ ⑧ ⑨ ⑩ ⑪

Antes de reproduzirmos as etapas do desenho, vamos praticar sua coordenação motora, com o exercício de caligrafia abaixo!

Canguru

Agora é sua vez, repita os passos e faça seu desenho!

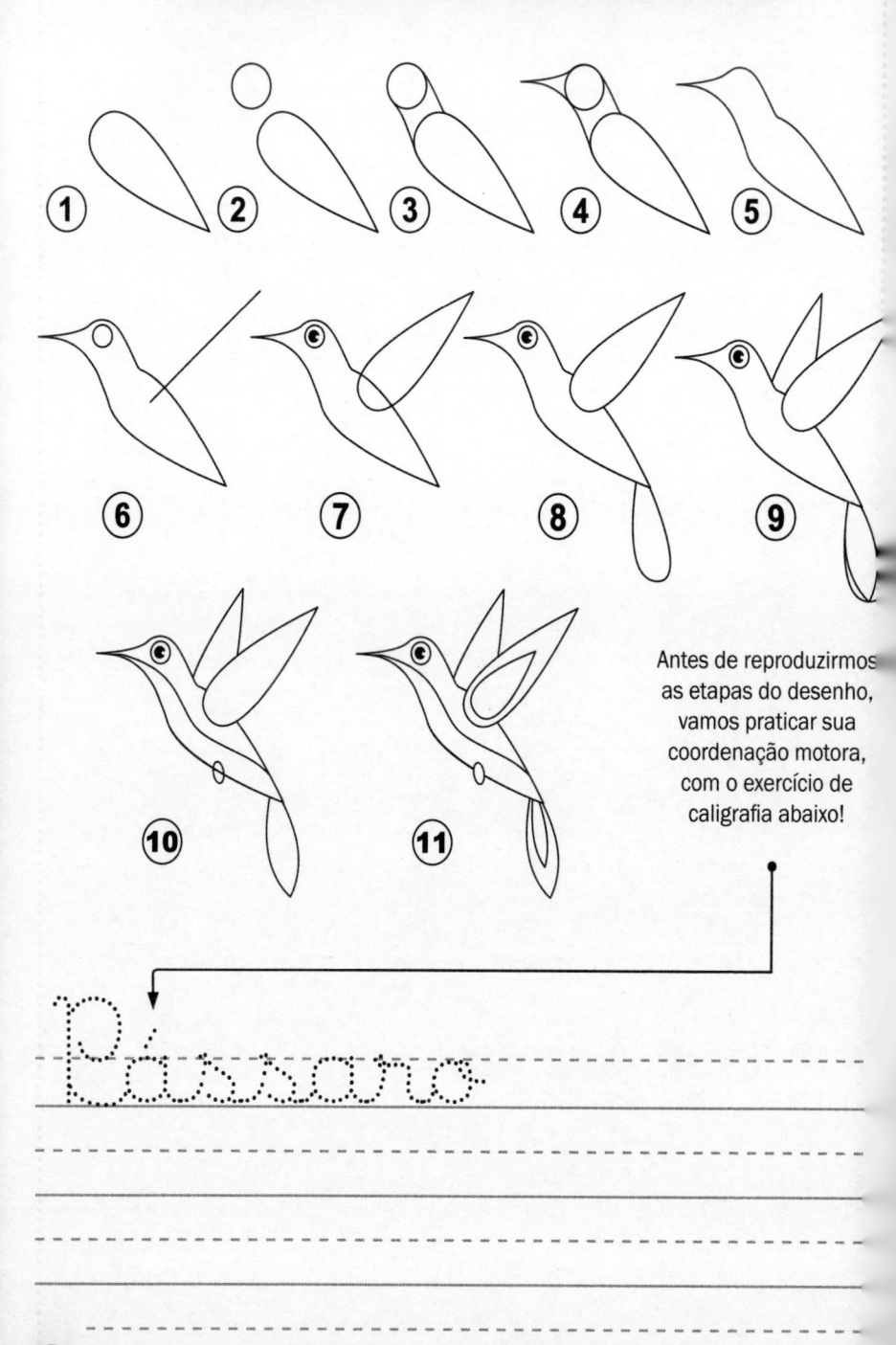

Preste muita atenção na sequência de ilustrações:

Antes de reproduzirmos as etapas do desenho, vamos praticar sua coordenação motora, com o exercício de caligrafia abaixo!

Pássaro

Agora é sua vez, repita os passos e faça seu desenho!

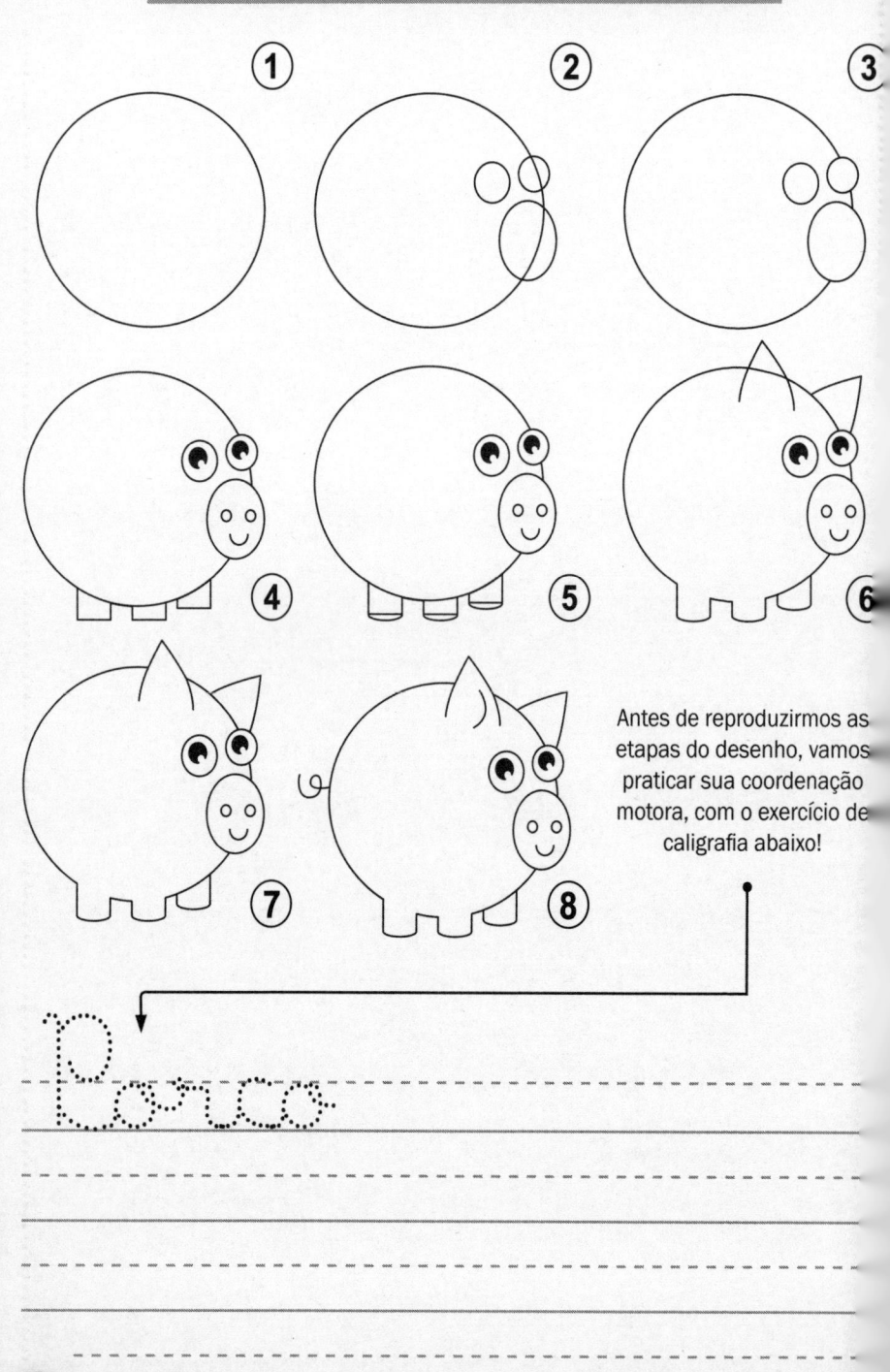

Preste muita atenção na sequência de ilustrações:

Antes de reproduzirmos as etapas do desenho, vamos praticar sua coordenação motora, com o exercício de caligrafia abaixo!

Porco

Agora é sua vez, repita os passos e faça seu desenho!

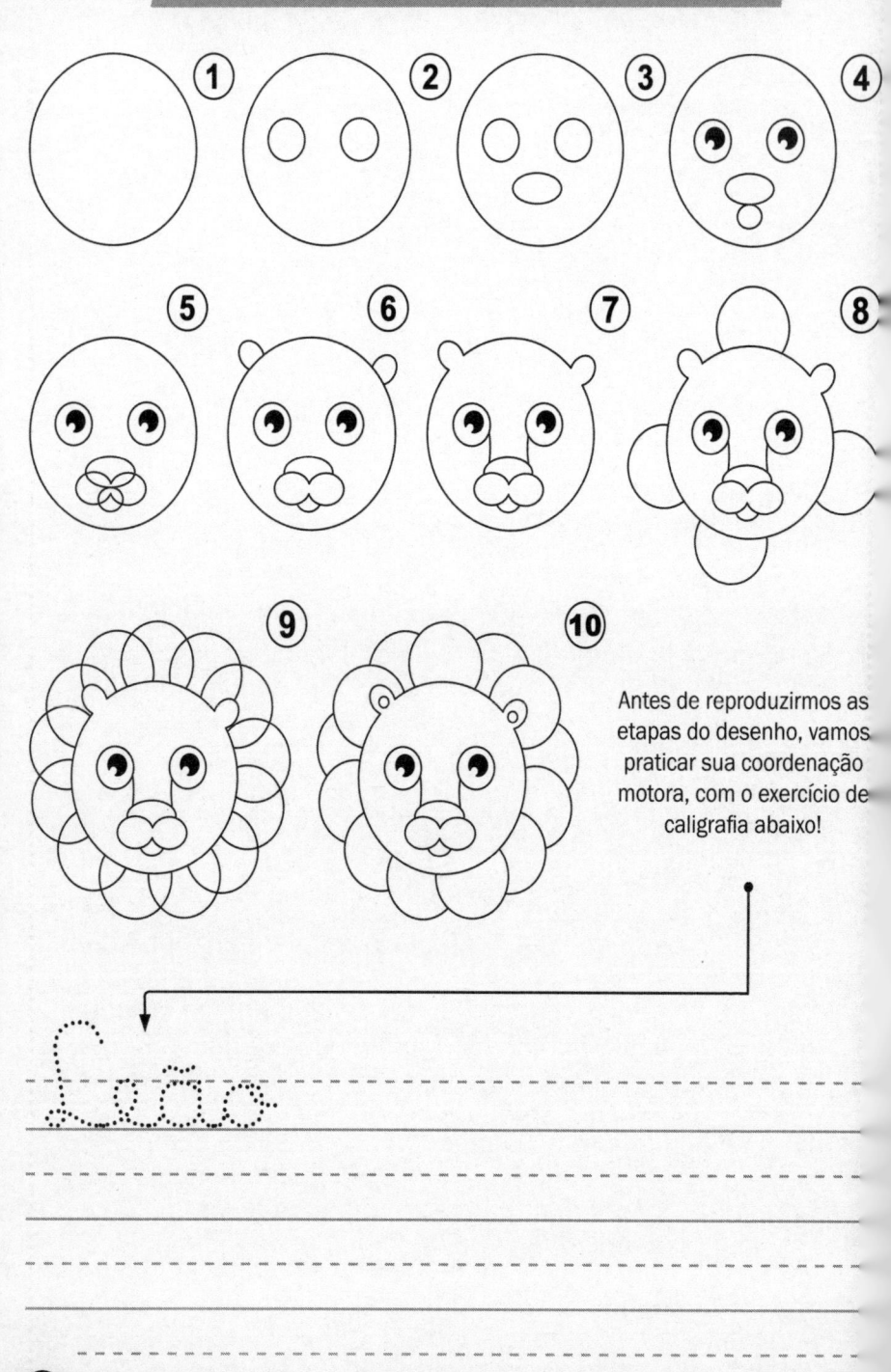

Preste muita atenção na sequência de ilustrações:

Antes de reproduzirmos as etapas do desenho, vamos praticar sua coordenação motora, com o exercício de caligrafia abaixo!

Leão

Agora é sua vez, repita os passos e faça seu desenho!

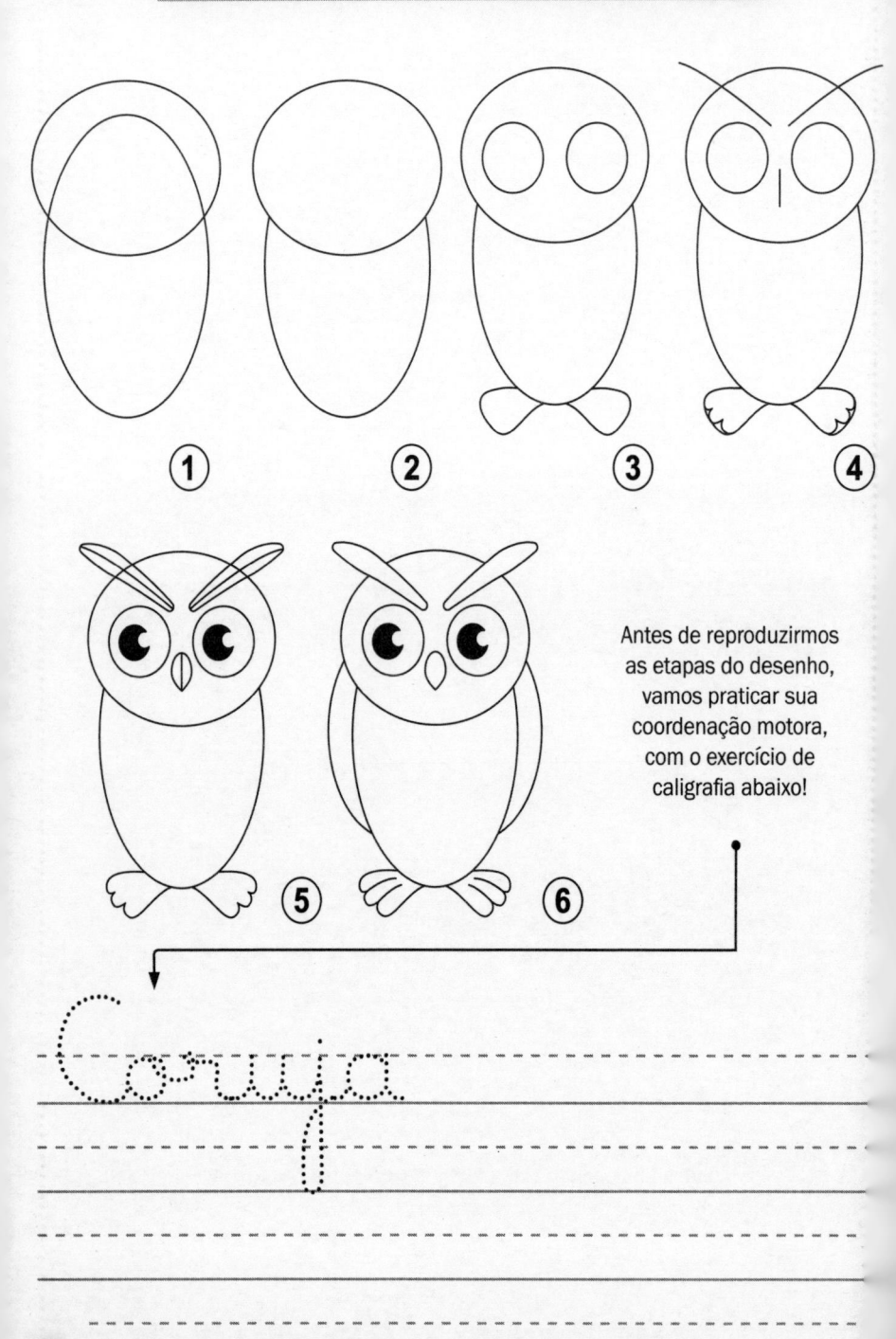

Preste muita atenção na sequência de ilustrações:

① ② ③ ④

⑤ ⑥

Antes de reproduzirmos as etapas do desenho, vamos praticar sua coordenação motora, com o exercício de caligrafia abaixo!

Coruja

Agora é sua vez, repita os passos e faça seu desenho!

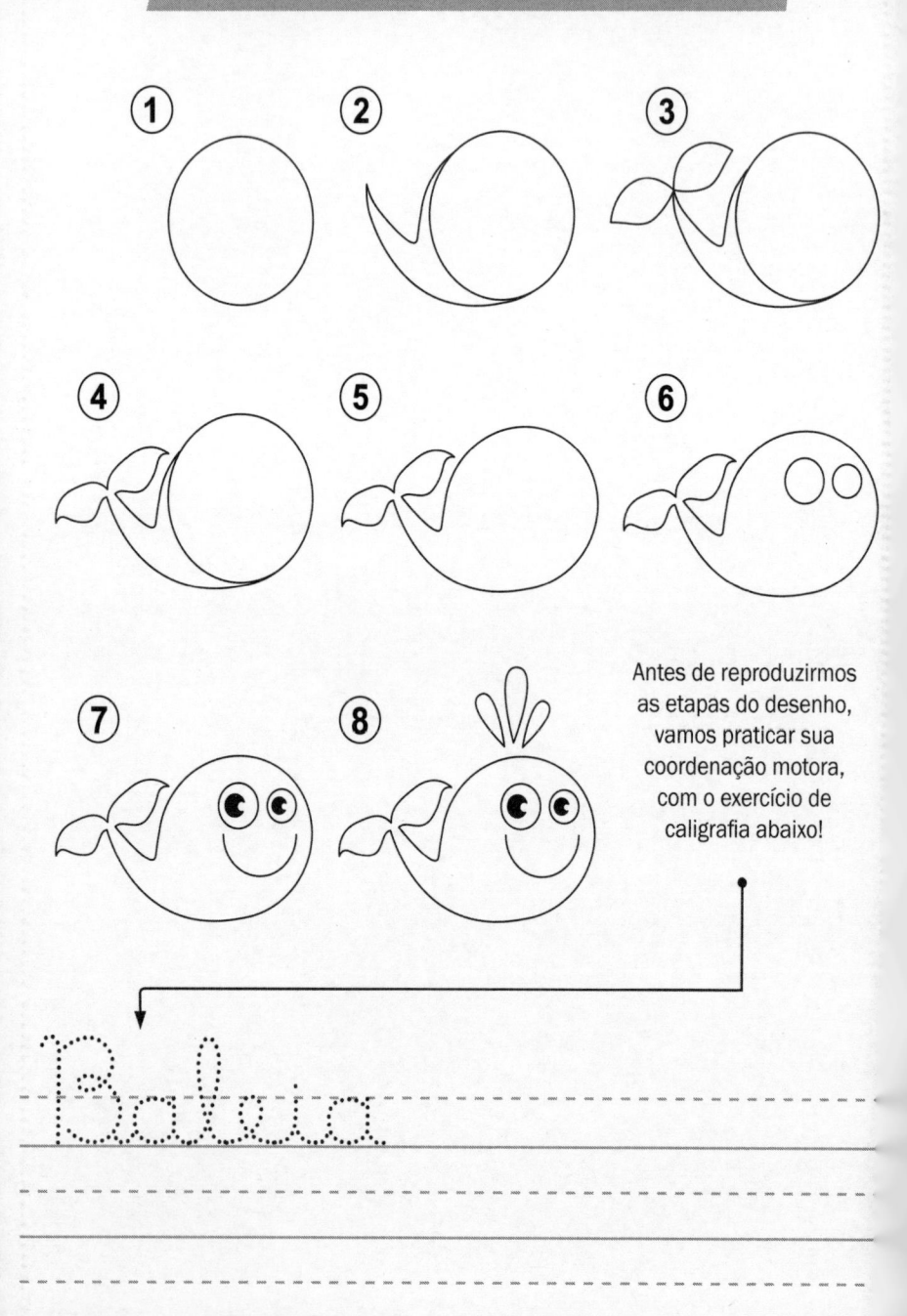

Preste muita atenção na sequência de ilustrações:

① ② ③
④ ⑤ ⑥
⑦ ⑧

Antes de reproduzirmos as etapas do desenho, vamos praticar sua coordenação motora, com o exercício de caligrafia abaixo!

Baleia

Agora é sua vez, repita os passos e faça seu desenho!

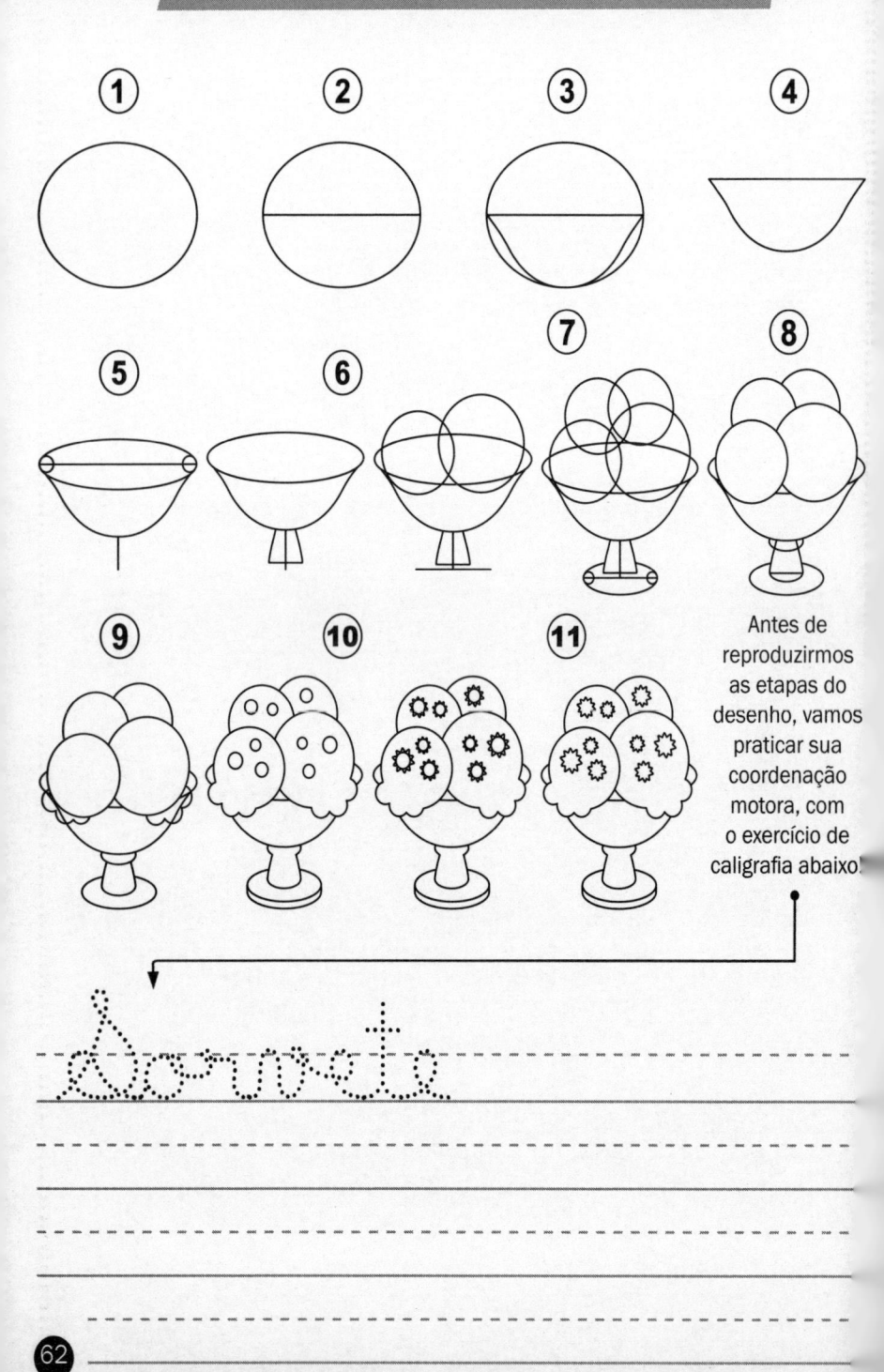

Preste muita atenção na sequência de ilustrações:

① ② ③ ④ ⑤ ⑥ ⑦ ⑧ ⑨ ⑩ ⑪

Antes de reproduzirmos as etapas do desenho, vamos praticar sua coordenação motora, com o exercício de caligrafia abaixo.

sorvete

Agora é sua vez, repita os passos e faça seu desenho!

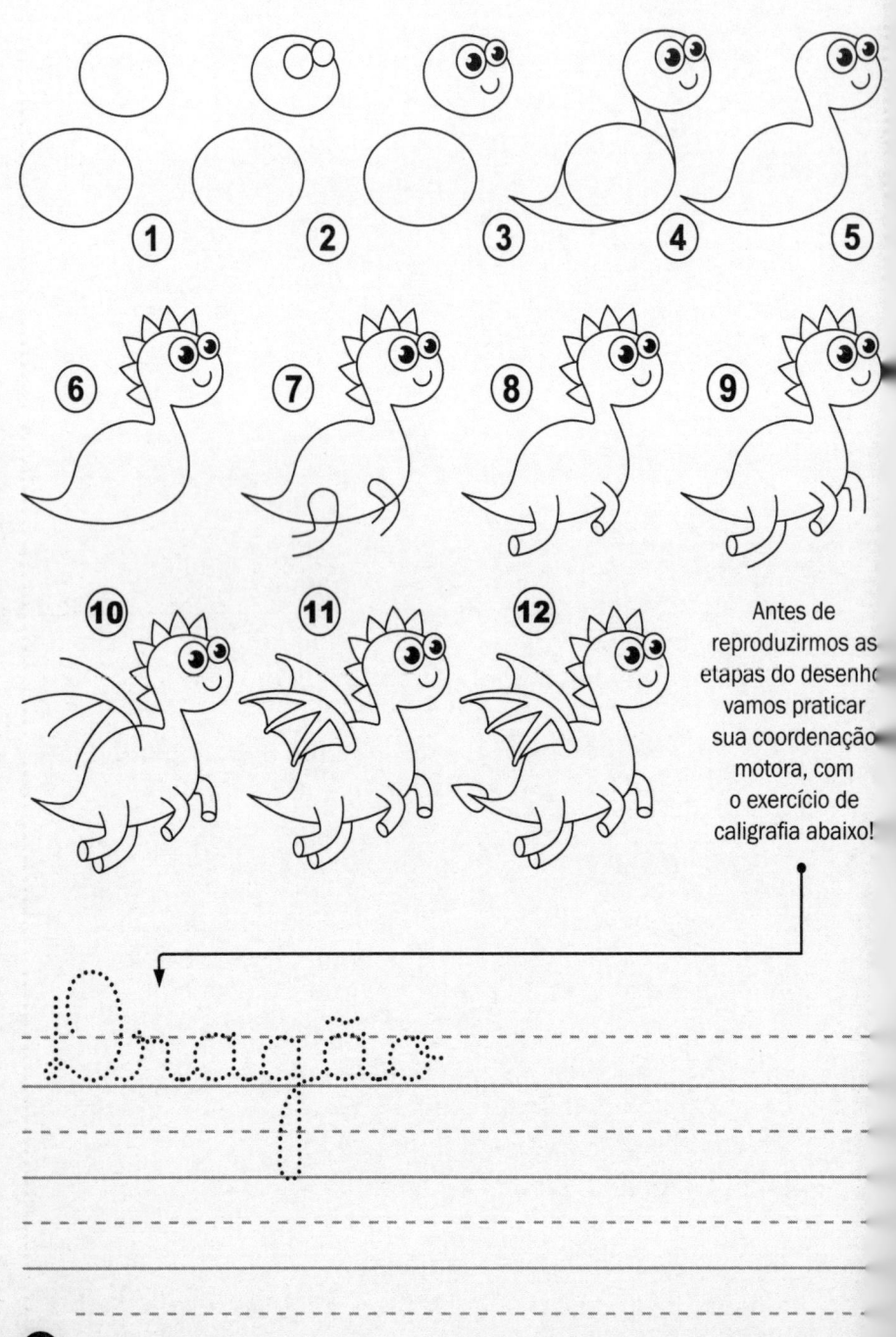

Preste muita atenção na sequência de ilustrações:

Antes de reproduzirmos as etapas do desenho, vamos praticar sua coordenação motora, com o exercício de caligrafia abaixo!

Dragão

Agora é sua vez, repita os passos e faça seu desenho!

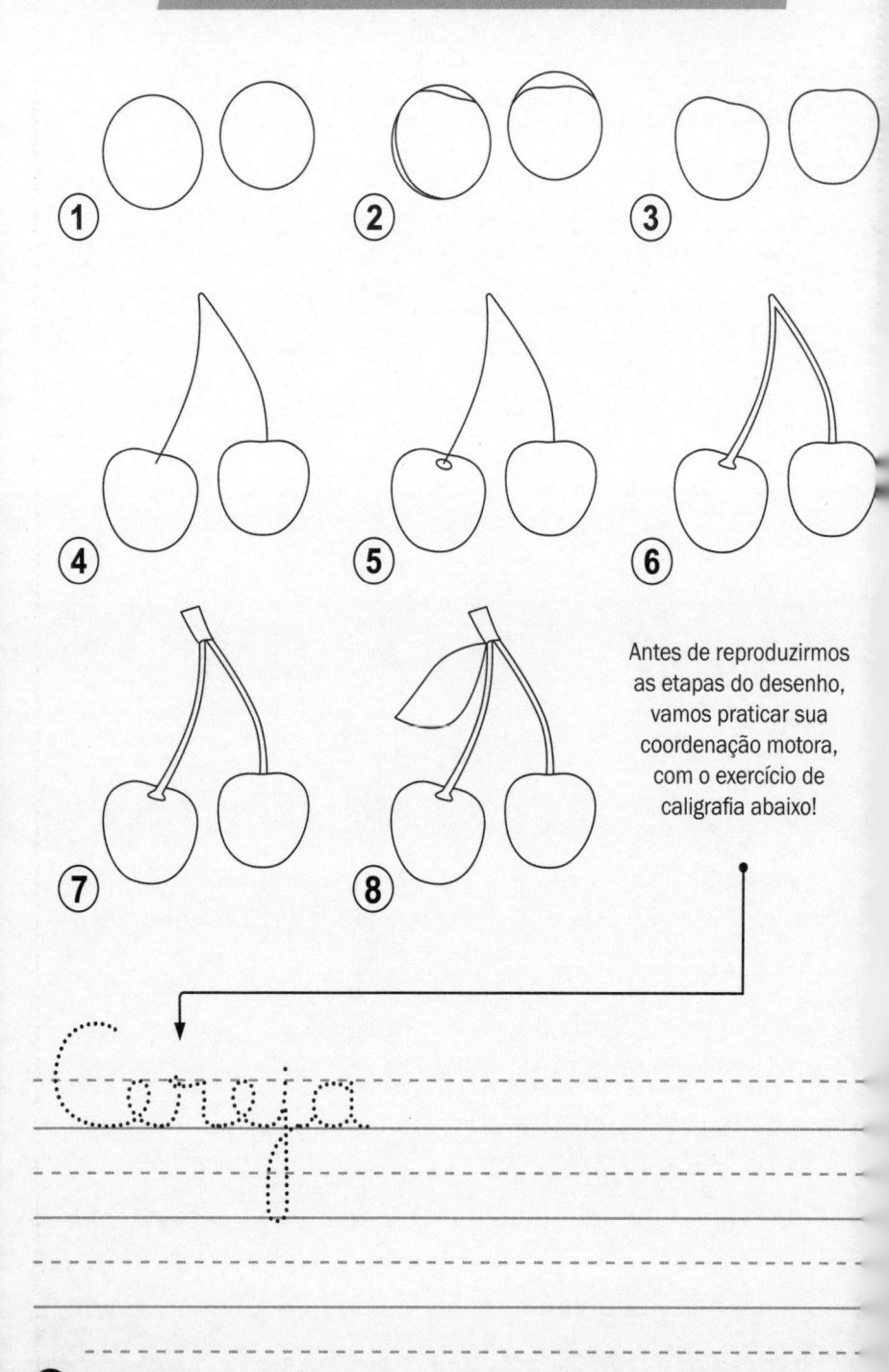

Preste muita atenção na sequência de ilustrações:

① ② ③

④ ⑤ ⑥

⑦ ⑧

Antes de reproduzirmos as etapas do desenho, vamos praticar sua coordenação motora, com o exercício de caligrafia abaixo!

Cereja

Agora é sua vez, repita os passos e faça seu desenho!

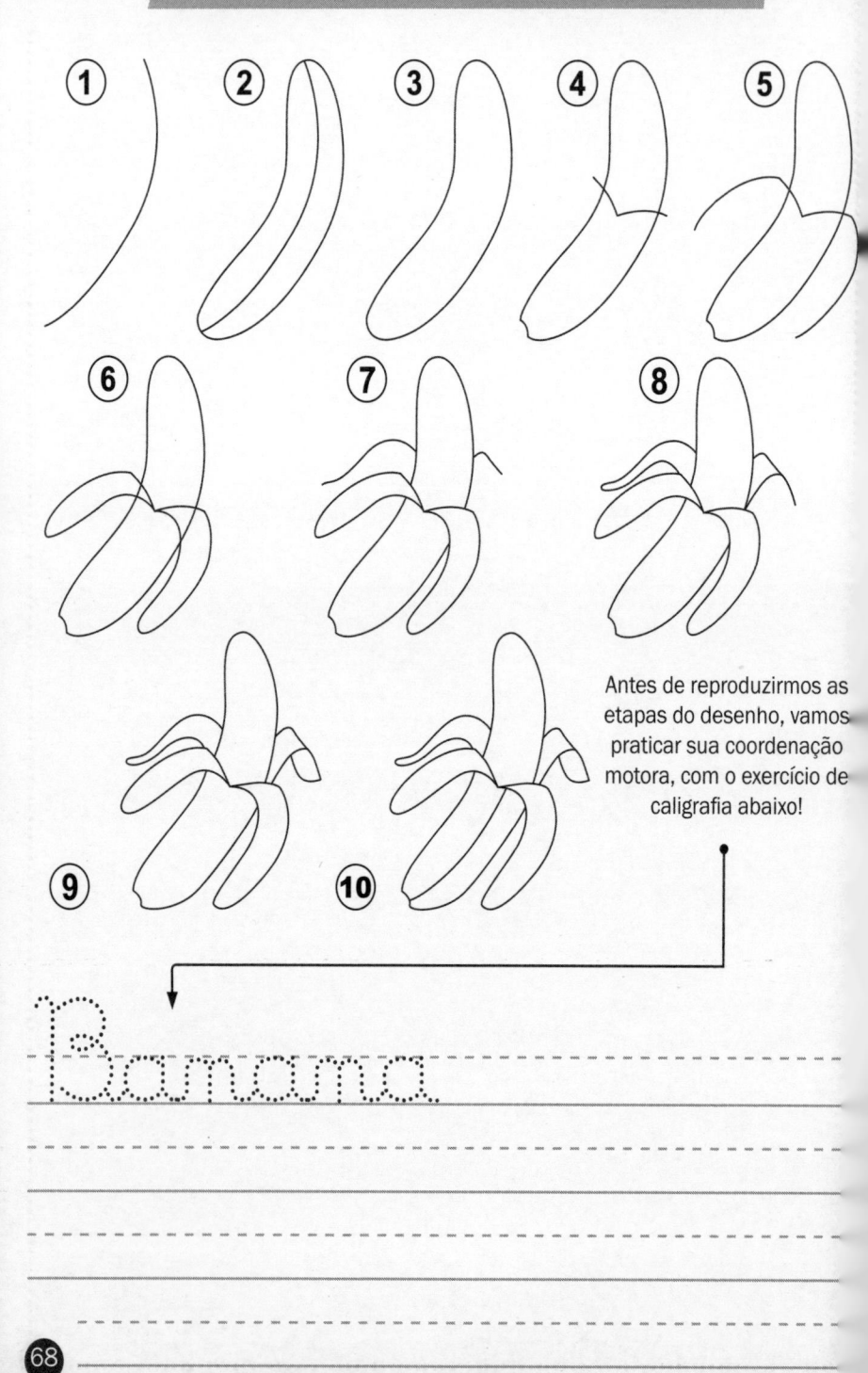

Preste muita atenção na sequência de ilustrações:

① ② ③ ④ ⑤

⑥ ⑦ ⑧

⑨ ⑩

Antes de reproduzirmos as etapas do desenho, vamos praticar sua coordenação motora, com o exercício de caligrafia abaixo!

Banana

Agora é sua vez, repita os passos e faça seu desenho!

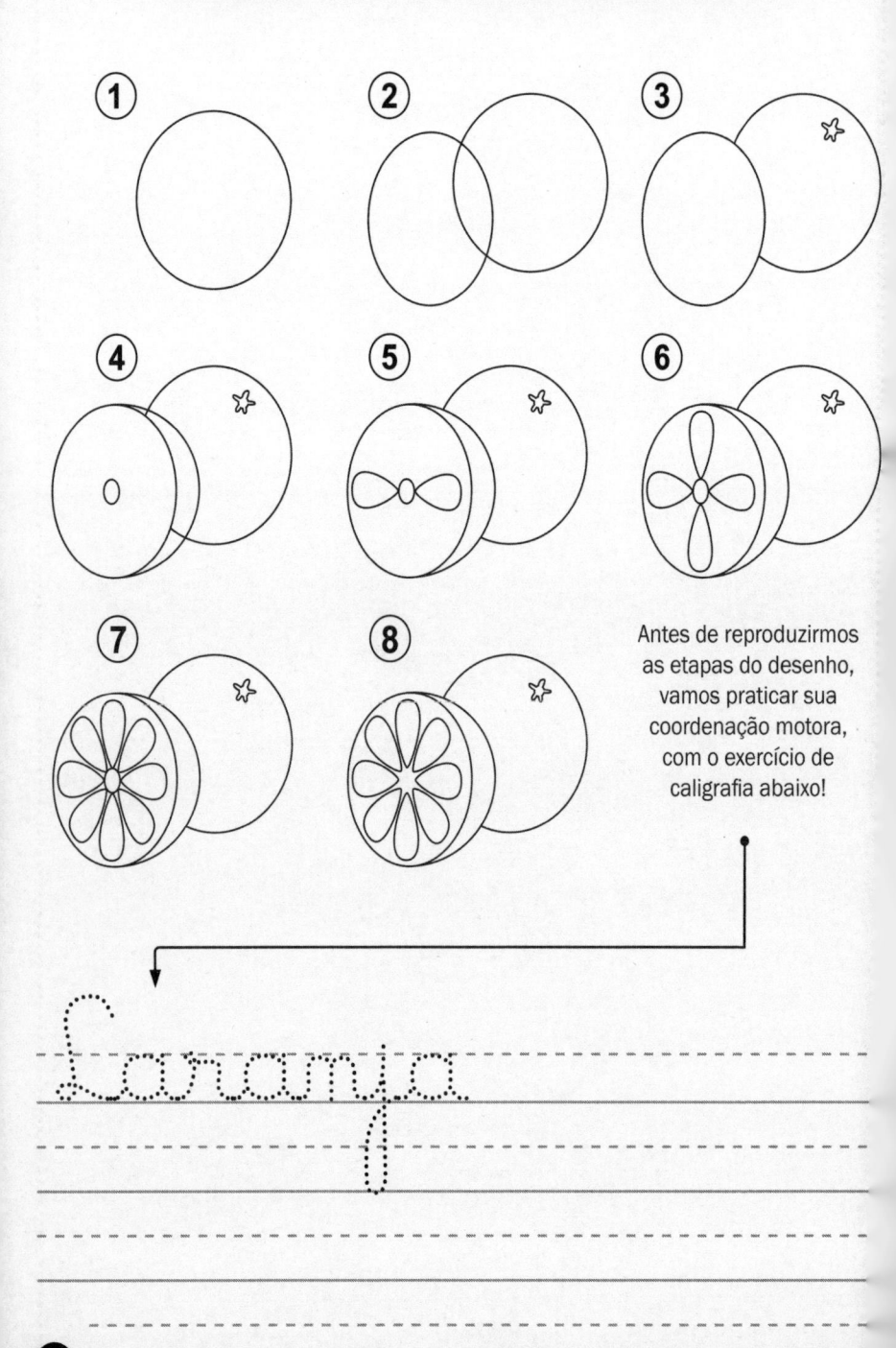

Preste muita atenção na sequência de ilustrações:

Antes de reproduzirmos as etapas do desenho, vamos praticar sua coordenação motora, com o exercício de caligrafia abaixo!

Laranja

Agora é sua vez, repita os passos e faça seu desenho!

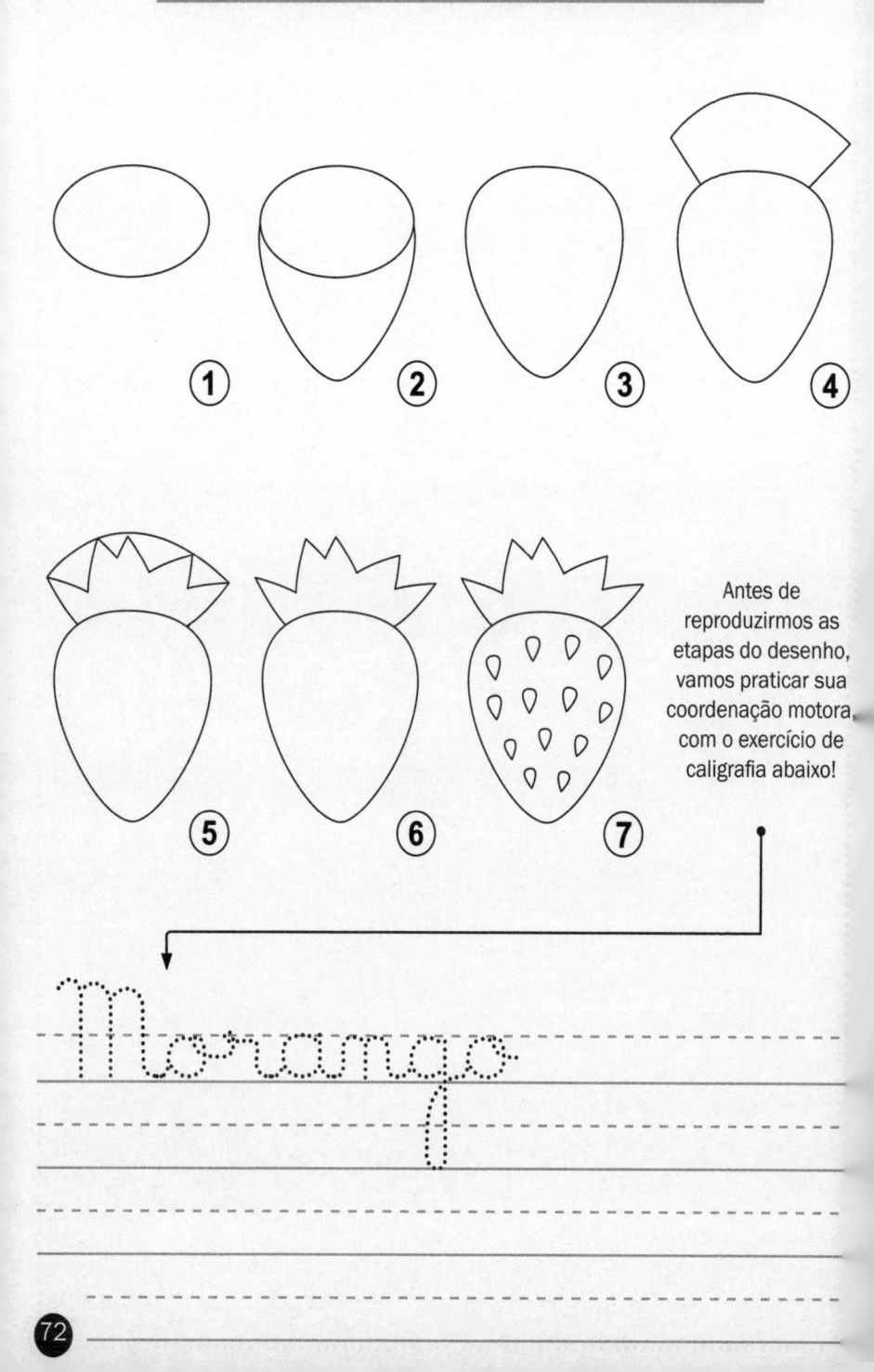

Preste muita atenção na sequência de ilustrações:

① ② ③ ④

⑤ ⑥ ⑦

Antes de reproduzirmos as etapas do desenho, vamos praticar sua coordenação motora, com o exercício de caligrafia abaixo!

Morango

Agora é sua vez, repita os passos e faça seu desenho!

Preste muita atenção na sequência de ilustrações:

Antes de reproduzirmos as etapas do desenho, vamos praticar sua coordenação motora, com o exercício de caligrafia abaixo!

Brócolis

Agora é sua vez, repita os passos e faça seu desenho!

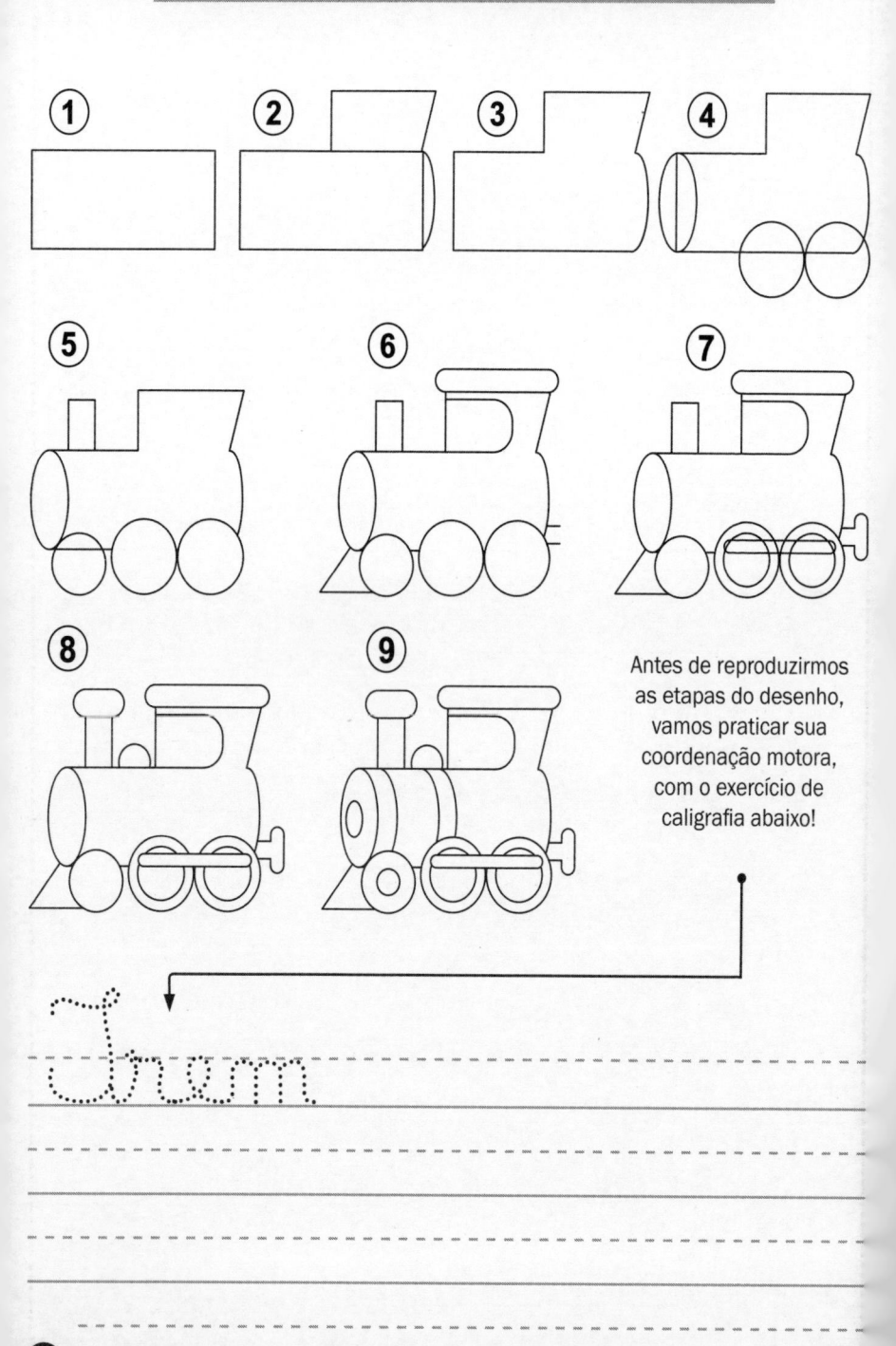

Preste muita atenção na sequência de ilustrações:

Antes de reproduzirmos as etapas do desenho, vamos praticar sua coordenação motora, com o exercício de caligrafia abaixo!

Trem

Agora é sua vez, repita os passos e faça seu desenho!

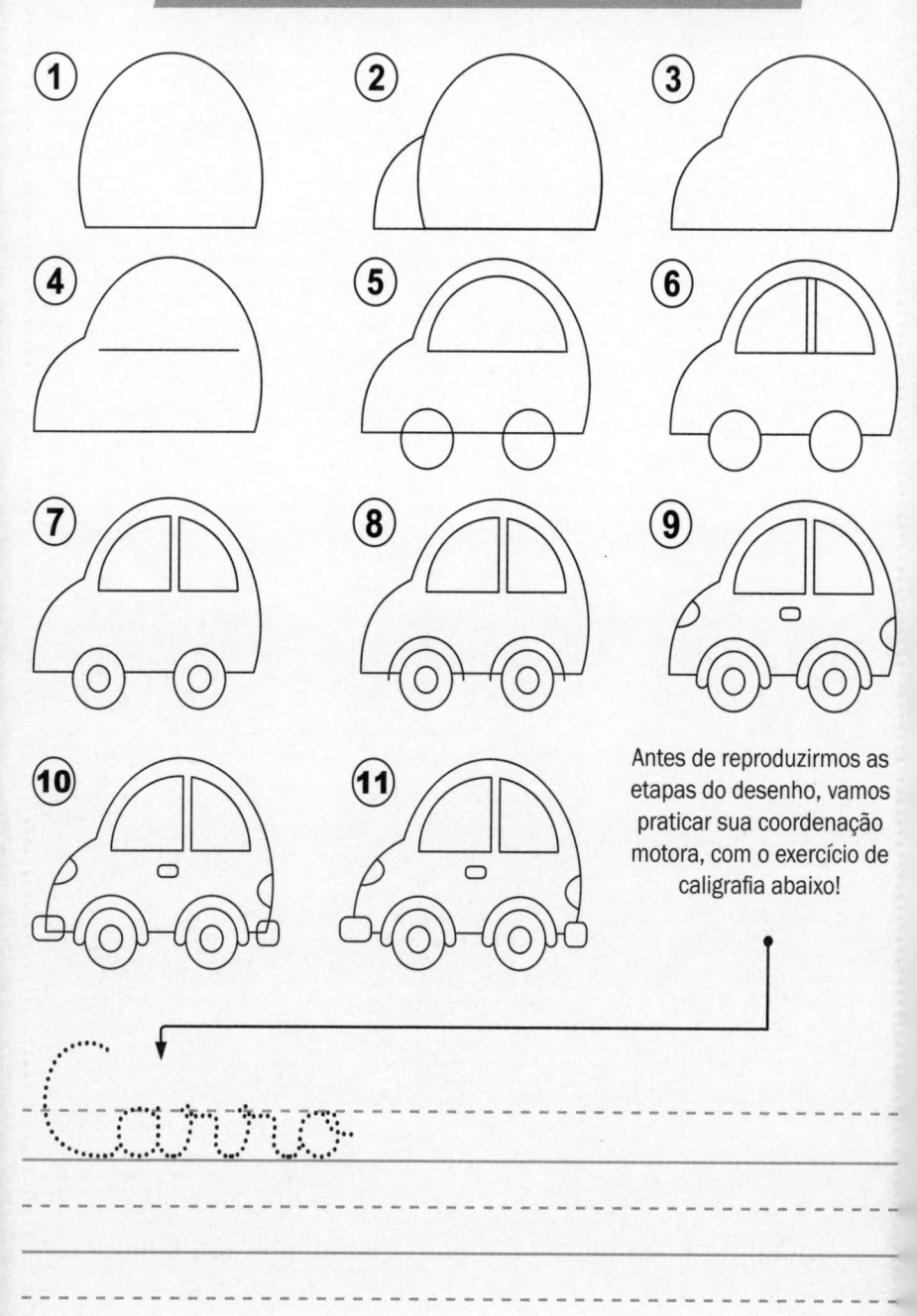

Preste muita atenção na sequência de ilustrações:

Antes de reproduzirmos as etapas do desenho, vamos praticar sua coordenação motora, com o exercício de caligrafia abaixo!

Carro

Agora é sua vez, repita os passos e faça seu desenho!

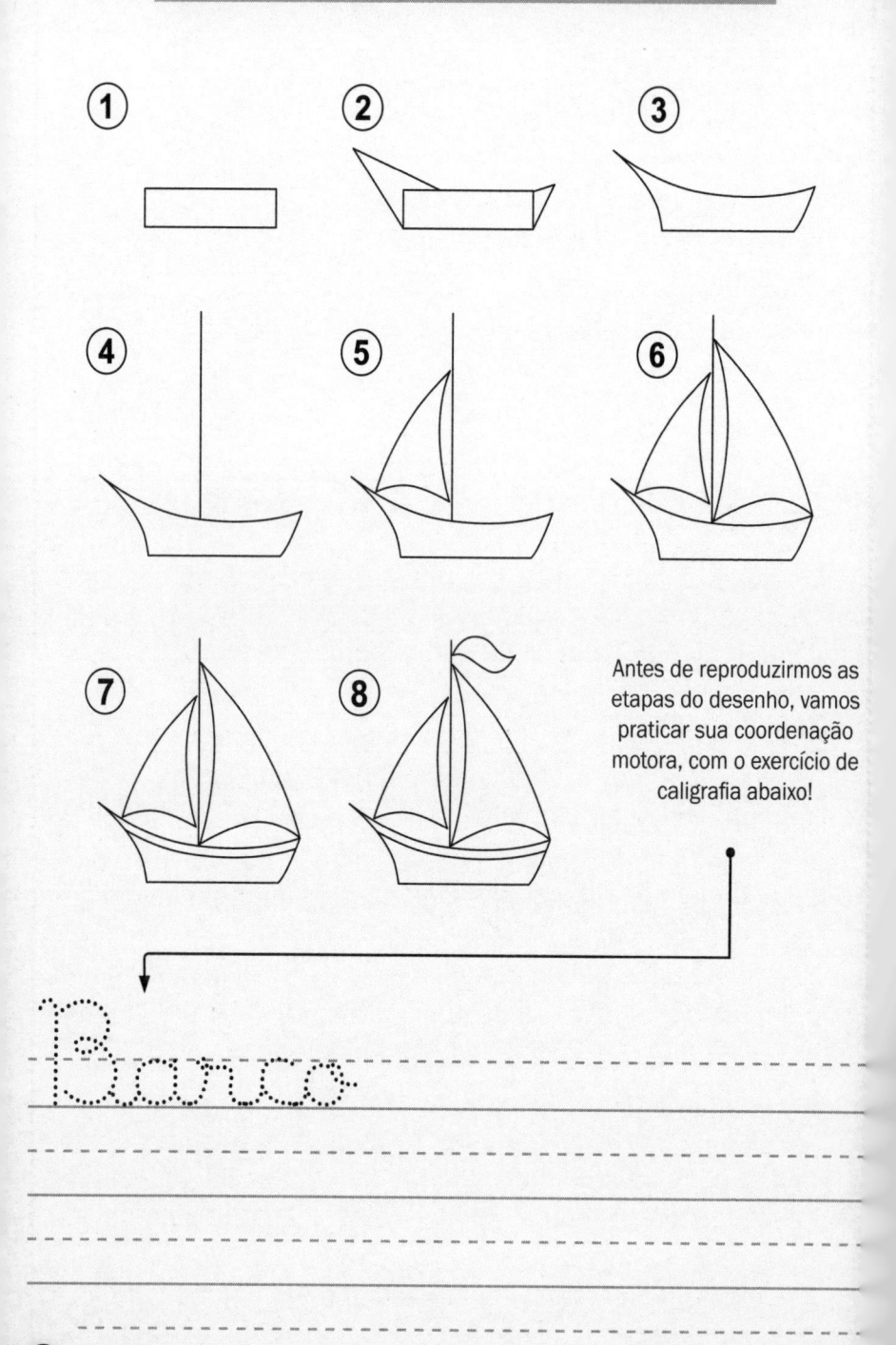

Preste muita atenção na sequência de ilustrações:

① ② ③
④ ⑤ ⑥
⑦ ⑧

Antes de reproduzirmos as etapas do desenho, vamos praticar sua coordenação motora, com o exercício de caligrafia abaixo!

Barco

Agora é sua vez, repita os passos e faça seu desenho!

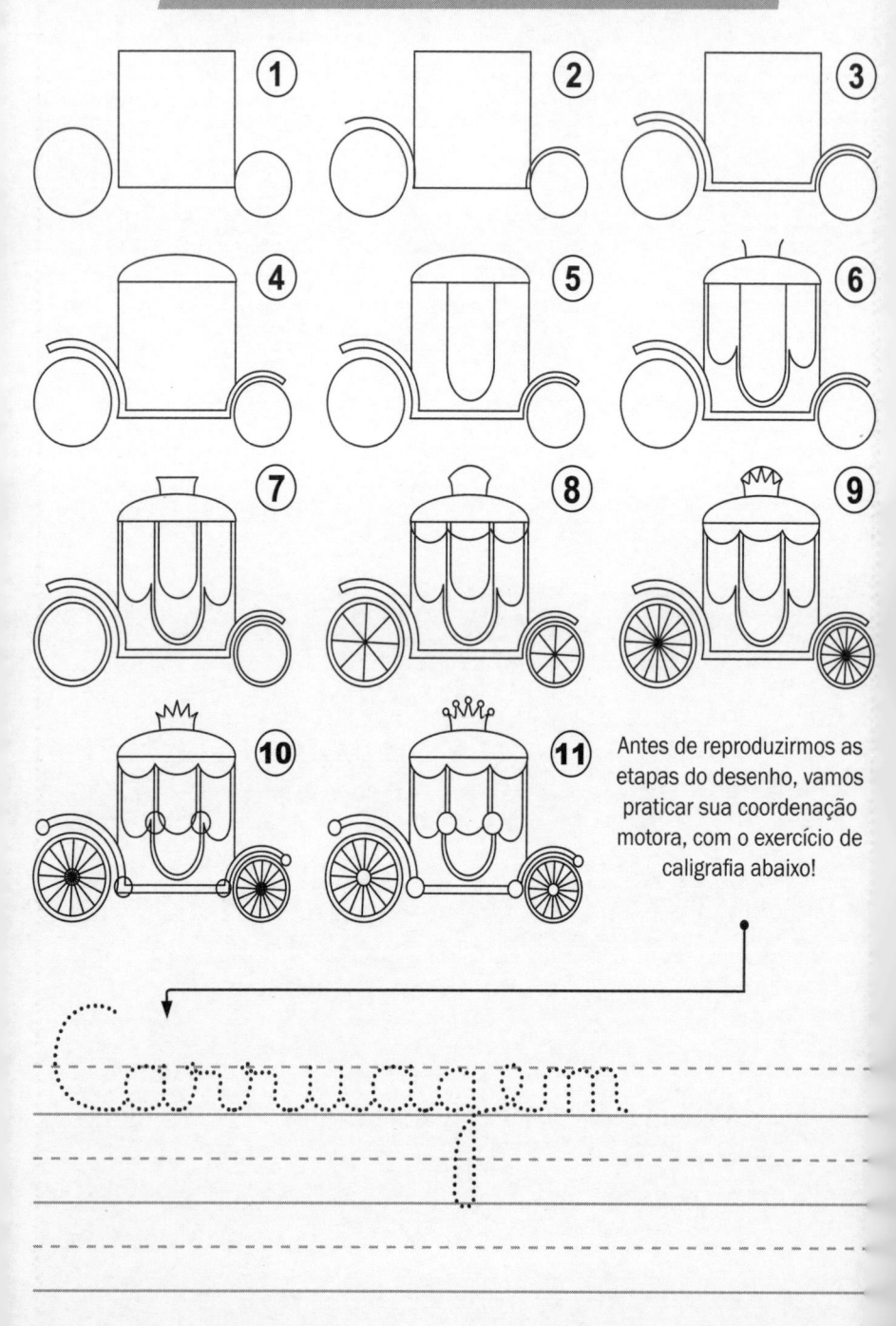

Preste muita atenção na sequência de ilustrações:

Antes de reproduzirmos as etapas do desenho, vamos praticar sua coordenação motora, com o exercício de caligrafia abaixo!

Carruagem

Agora é sua vez, repita os passos e faça seu desenho!

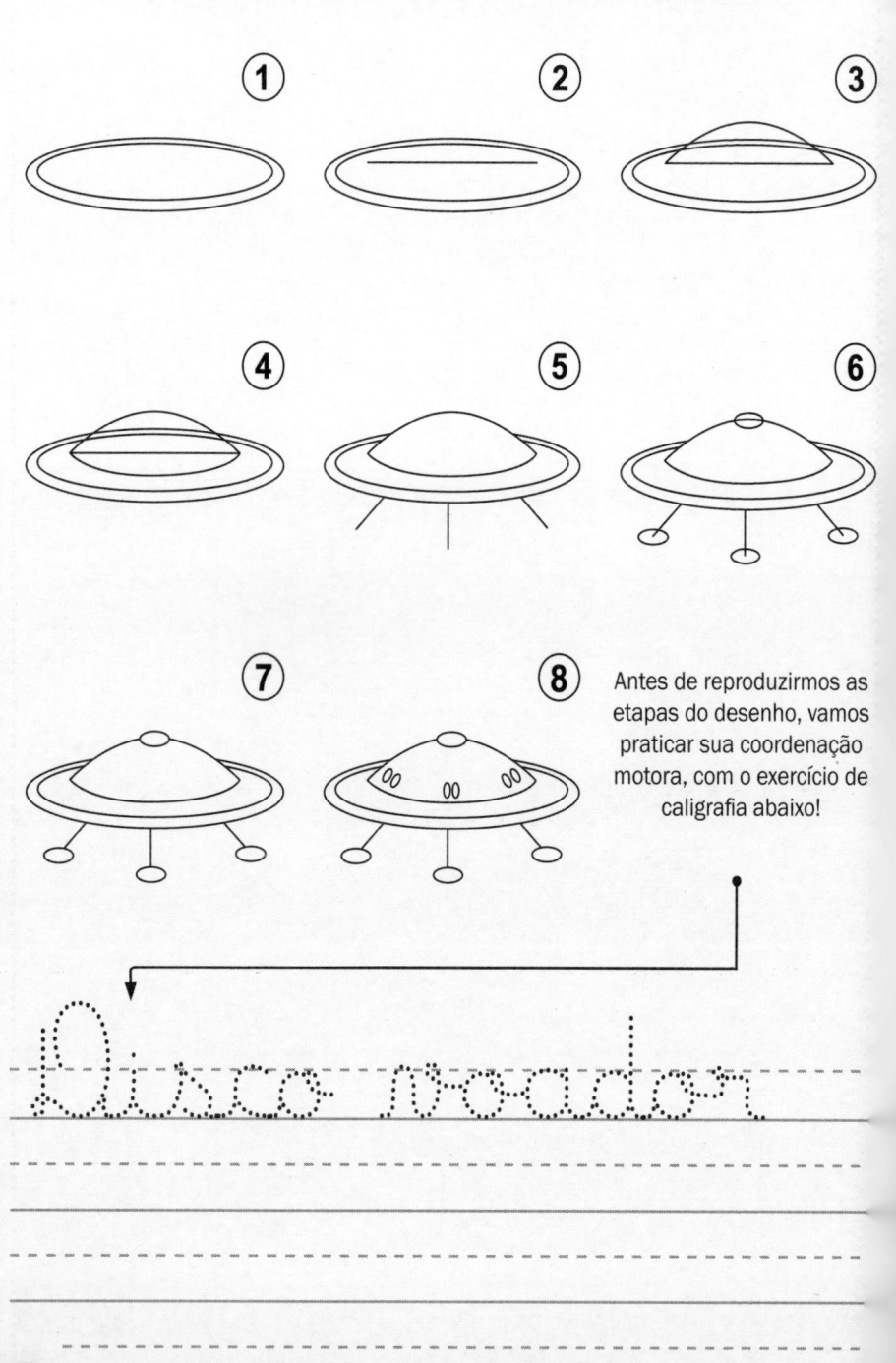

Preste muita atenção na sequência de ilustrações:

(1) (2) (3)
(4) (5) (6)
(7) (8)

Antes de reproduzirmos as etapas do desenho, vamos praticar sua coordenação motora, com o exercício de caligrafia abaixo!

Disco voador

Agora é sua vez, repita os passos e faça seu desenho!

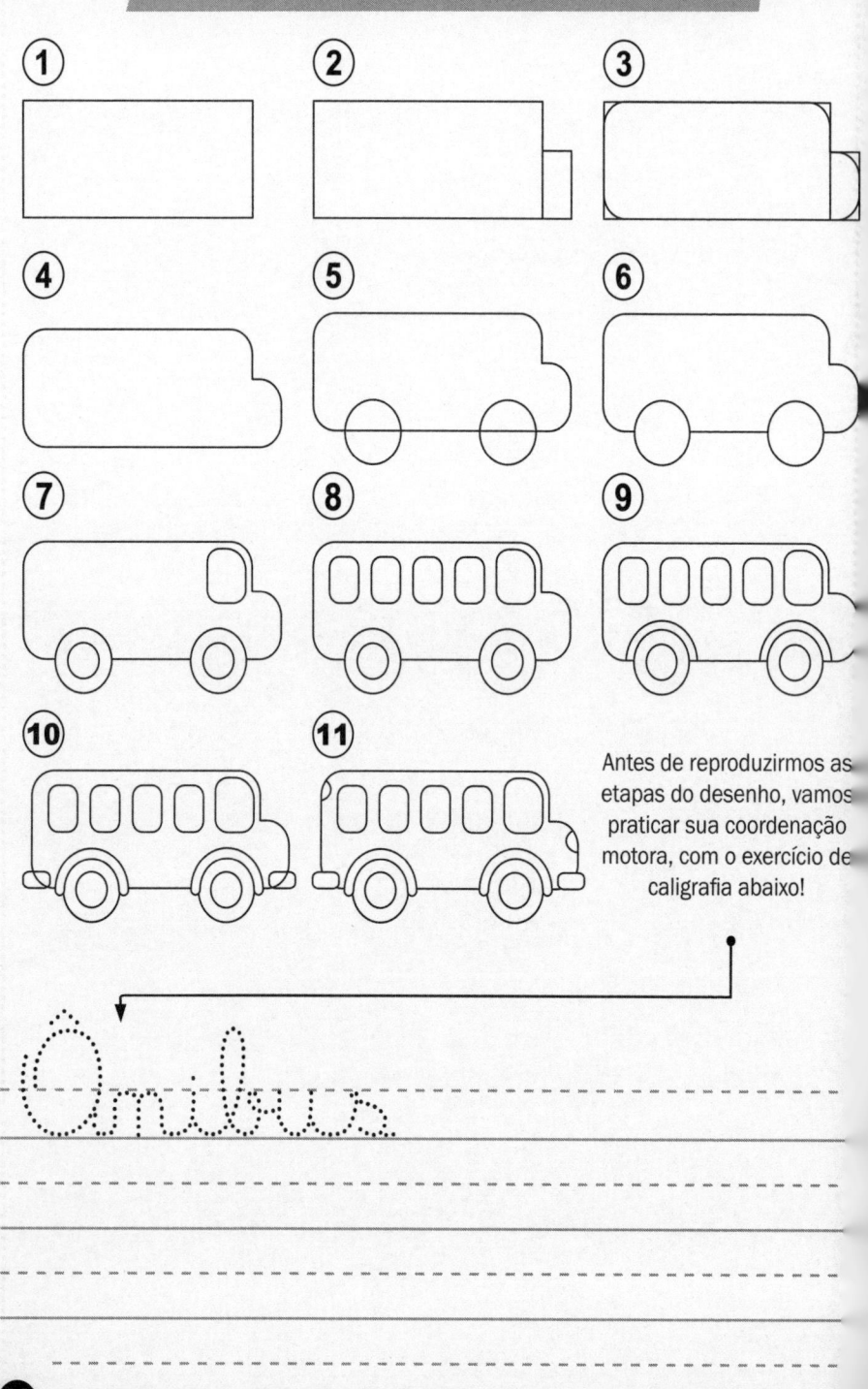

Preste muita atenção na sequência de ilustrações:

Antes de reproduzirmos as etapas do desenho, vamos praticar sua coordenação motora, com o exercício de caligrafia abaixo!

Ônibus

Agora é sua vez, repita os passos e faça seu desenho!

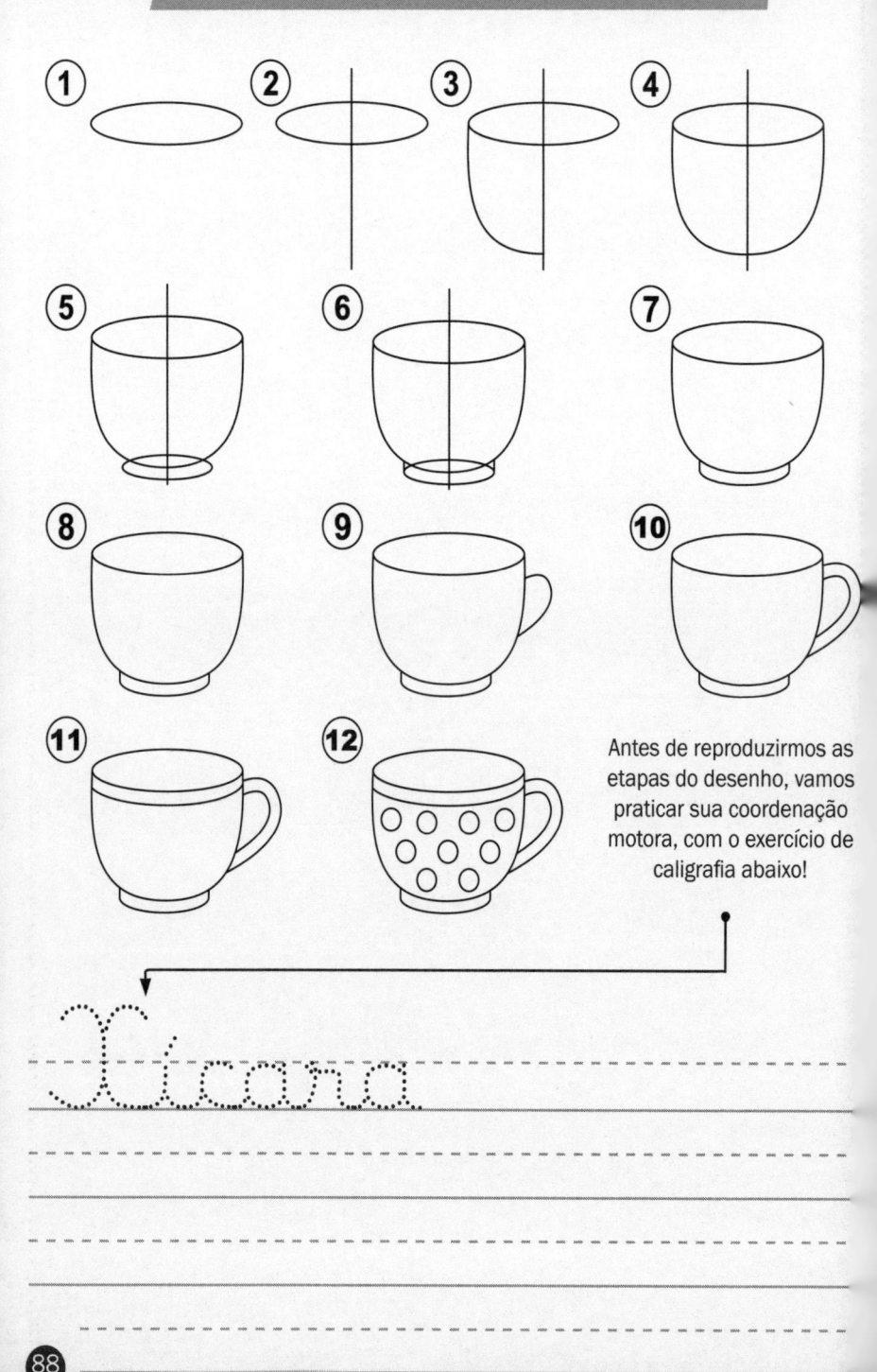

Preste muita atenção na sequência de ilustrações:

Antes de reproduzirmos as etapas do desenho, vamos praticar sua coordenação motora, com o exercício de caligrafia abaixo!

Xícara

Agora é sua vez, repita os passos e faça seu desenho!

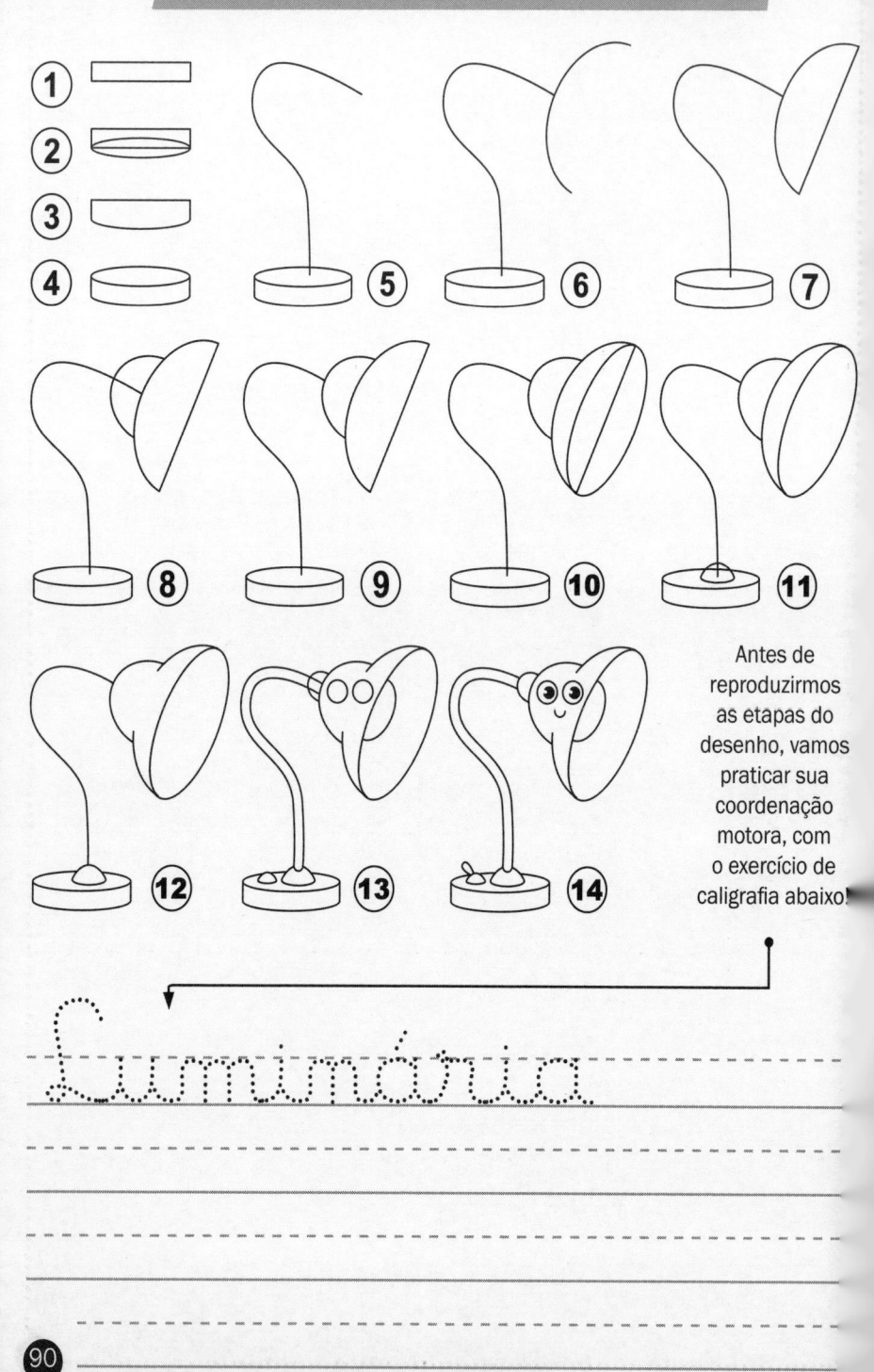

Preste muita atenção na sequência de ilustrações:

Antes de reproduzirmos as etapas do desenho, vamos praticar sua coordenação motora, com o exercício de caligrafia abaixo!

Luminária

Agora é sua vez, repita os passos e faça seu desenho!

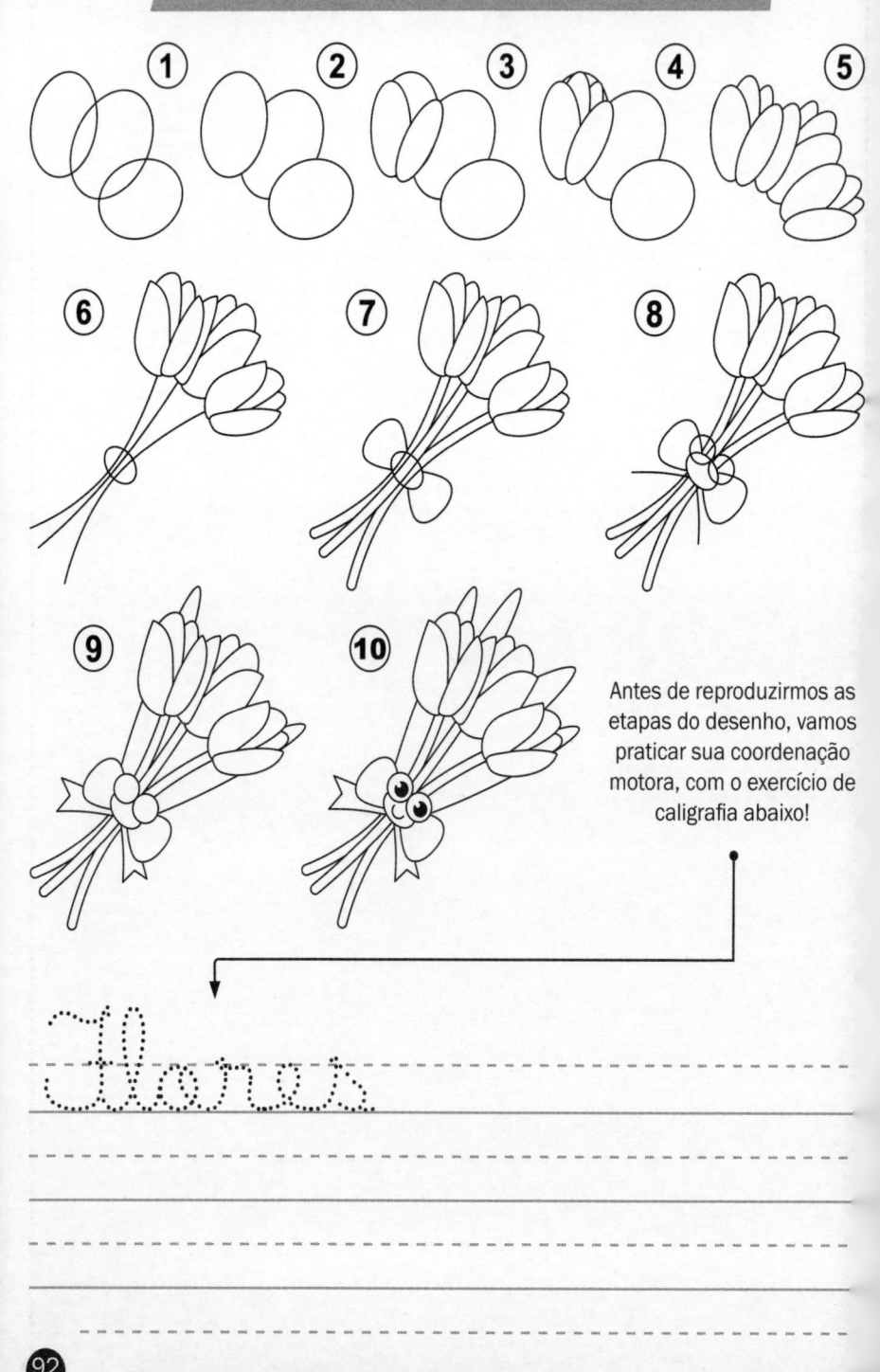

Preste muita atenção na sequência de ilustrações:

Antes de reproduzirmos as etapas do desenho, vamos praticar sua coordenação motora, com o exercício de caligrafia abaixo!

Flores

Agora é sua vez, repita os passos e faça seu desenho!

Preste muita atenção na sequência de ilustrações:

Antes de reproduzirmos as etapas do desenho, vamos praticar sua coordenação motora, com o exercício de caligrafia abaixo!

Concha

Agora é sua vez, repita os passos e faça seu desenho!

Complete o desenho:

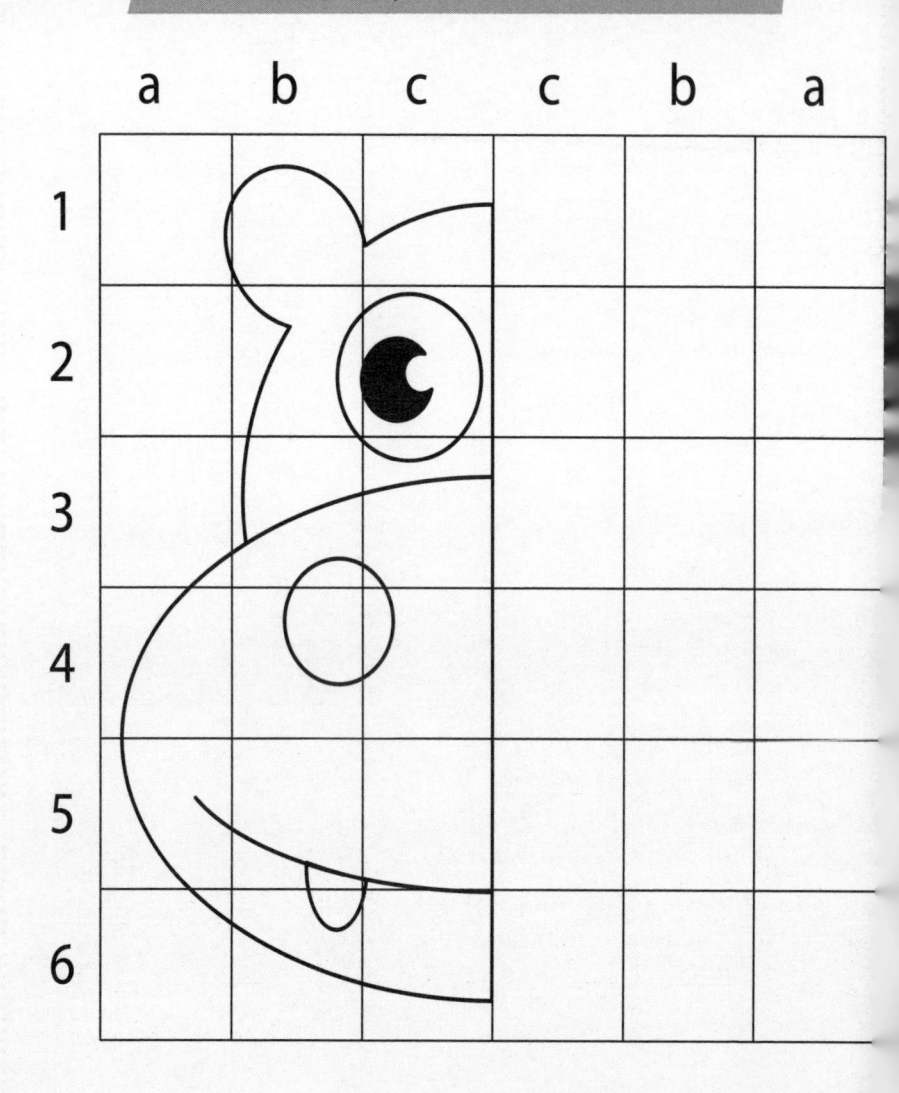

	a	b	c	c	b	a
1						
2						
3						
4						
5						
6						

Hipopótamo